이찬원, 내 인생의 찬스

이찬원, 찬스

내 인생 의

이정아 지음

이 책의 판매 수익 일부는 따뜻한 나눔을 위해
저자와 이찬원 님의 이름으로 기부됩니다.
이찬원 님의 선한 영향력에 함께하겠습니다.
책에 수록된 이찬원 님 작사·작곡 6곡의 저작권료는
이찬원 님에게 지급됨을 알립니다.

samhoETM

차례 • • • • •

이찬원, 무궁무진한 그의 매력

차례 · · · · ·

우리는 찬스(Chan's)이다.

Special Chapter **이찬원을 평론하다. (음악 평론가 김영대)**

프롤로그

책이 출간되기까지

2020년, 그해 봄은 11년 만에 돌아온 모국에서 맞은 저의 첫 봄이었고, 특별한 한 사람과 함께한 봄이기도 했습니다. 그에게는 대학생에서 가수로 데뷔한 봄이었고, 저에게는 생애 처음으로 연예인의 팬이 된 봄이었습니다.

유난했던 추위와 낯설었던 환경, 그리고 코로나 팬데믹까지 덮친 그해 한국의 겨울은 도무지 집 밖을 나서기가 두려울 정도였고, 인도에서는 접할 수 없었던 재미있는 한국 TV 프로그램을 보는 일이 유일한 즐거움이었던 때였습니다.

'미스터트롯' 최종 순위 발표가 있던 날, 순둥순둥 귀엽고 착해 보이는 어린 가수의 대견한 수상소감을 듣고 한순간에 그의 팬이 되었습니다.

인도 이야기, 여행기를 주로 다루던 저의 오래된 블로그에 이찬원의 이야기를 올리기 시작했고, 차츰 인도 이야기나 여행기보다 이찬원의 이야기가 제 블로그의 가장 많은 부분을 차지하게 되었습니다.

그 무렵 브런치스토리 작가가 되었던 저는 자연스럽게 이찬원을 주제로 글을 쓰기 시작했고, 1년 동안 꾸준히 모아둔 글로 '브런치북'을 발행하게 되었습니다.

어느 날, 저의 브런치북을 본 음악 전문 출판사 삼호ETM으로부터 감사하게도 출간 제의를 받게 되었습니다. 지루했던 장마와 폭염이 물러가고 귀뚜라미 소리와 함께 찾아온 가을의 공기 냄새가 코끝에 닿을 즈음에 집필을 완성하게 되었습니다. 기존의 글을 다듬고, 새로운 글을 추가해 책을 완성할 수 있었습니다.

예상치 못한 순간에 이찬원의 팬이 되었고, 예상치 못한 순간에 그 이야기로 출간까지 하게 되고 보니 이찬원 님이 제 인생에 너무 큰 행운인 것 같아서 그 고마움을 표현하기 위해 그의 이름으로 무언가를 해야겠다 싶었습니다. 작가 인세의 일부를 이찬원 님의 이름으로 기부하기로 결정했고, 감사하게도 출판사도 이에 동참해 주셨습니다.

이찬원 님에게 직접적인 도움이 될 방법을 고민하던 끝에 그가 직접 작사·작곡한 6곡의 노랫말을 책에 실었고, 유튜브 음원을 바로 감상할 수 있도록 QR코드를 수록하였습니다. 독자분들에게 이찬원 님의 노래를 알릴 수 있을 뿐만 아니라 이찬원 님에게도 저작권료가 돌아간다니, 여러모로 좋은 결정을 한 것 같아서 출간하는 마음이 한결 가벼워졌습니다.

열심히 썼습니다. 최선을 다했습니다. 재미있는 작업이었습니다. 이찬원 님께 누가 되지 않는 글, 찬스분들이 공감할 수 있는 글, 그리고 찬스가 아닌 독자분들께는 연예인 덕질의 세계를 이해할 수 있는 글, 이찬원의 매력을 알게 되는 글이 되었으면 합니다.

이찬원 덕질 이야기면서 50대 중년 여성의 사는 이야기입니다. 책을 읽으시는 모든 독자분들이 미소 지으며 마지막 책

장을 덮게 된다면 더할 나위 없을 것 같습니다.

감사합니다.

개요

이찬원 팬의 이야기입니다.

'덕통사고'라는 말을 들어보셨나요? 예기치 못한 상황에서 갑작스레 맞닥뜨리게 되는 교통사고처럼 느닷없이 누군가의 팬이 된 사람의 이야기입니다. 연예인 덕질을 하는 사람의 심리가 도무지 이해되지 않고, 평생 나와는 무관할 거라 생각했던 50대 아줌마가 처음으로 경험하는 연예인 덕질 이야기이자, 즐거운 취미 이야기입니다.

이찬원의 이야기입니다.

다재다능하고 무궁무진한, 이찬원의 매력에 관한 이야기입니다.

'전국노래자랑'부터 '미스터트롯', 'KBS 추석특집쇼'에 이르기까지, 가수 이찬원의 눈부신 성장 이야기입니다. 다양한 분야의 프로그램에서 일주일 내내 TV에 얼굴을 비추는 노력형 인재, MC 이찬원의 이야기입니다.

이찬원의 팬덤 '찬스(Chan's)의 이야기입니다.

이찬원과 함께 성장해 온 명품 팬덤 찬스에 대한 이야기입니다. 이찬원과 닮은 든든한 팬덤 찬스에 관한 이야기입니다.

드리는 말씀

• 찬스(Chan's) 여러분께

입이 심심할 때 꺼내 먹는 달콤한 양갱처럼, 마음이 심심할 때 펼쳐 읽으면 공감과 위로가 되는 책이 되었으면 좋겠습니다. 이찬원과 함께한 지난 4년 동안의 시간이 추억으로 잘 간직되었으면 좋겠습니다.

같은 편이라 든든합니다. 감사합니다.

• 이찬원 팬이 아닌 독자분들께

연예인 덕질의 이유가 궁금했다면, 이 책이 그 답이 되었으면 합니다. 이찬원의 매력을 발견하는 계기가 되었으면 합니다. 재미있게 사는 중년 아줌마의 특별한 취미 이야기로 봐주시면 감사하겠습니다.

이찬원과 그의 팬 이야기에 관심을 가져주셔서 감사합니다.

❤ Chapter 1 ❤

나는 이찬원의 팬,
찬스(Chan's)이다.

참 좋은 날

이찬원 외 2명 작사·작곡

유난히 힘이 들던 날 꽃이 되어
별이 되어 내게로 다가온 당신
소리 내어 울고 싶던 날
운명처럼 연인처럼
내게 온 선물

그대 없인 나도 없었고
그대 있어 나도 있네요
꿈을 꾸듯 그대와 걸어갈게요
하늘까지 저 구름까지

참 좋은 날 그 어느 날
우리 만난 날
또 시련이 우릴 막을지라도
우리 밝게 빛날 그 날에
두 손 꼭 잡고
함께 걸어갈게요
우리 그렇게 약속해

그대 없인 숨 쉴 수 없고
그대 있어 내가 사네요
평생토록 그대만 지켜줄게요
해가 되어 저 달이 되어

참 좋은 날 그 어느 날
우리 만난 날
또 시련이 우릴 막을지라도
우리 밝게 빛날 그 날에
두 손 꼭 잡고
함께 걸어갈게요
우리 그렇게 약속해

수많은 계절들이 피고
또 저물어가도
그대만 영원히 내 사랑인 걸요

참 좋은 날 그 멋진 날
눈부신 그날에
가슴 아린 슬픔은
모두 잊어버려요
우리 함께 웃을 수 있게
그대 손 절대 놓치지 않을게요
내가 그댈 지킬게요
참 좋은 날입니다

저자 노트

가수의 꿈을 이루게 해 준 팬들에게 감사의 마음을 전하기 위해 만든 이찬원의 첫 번째 팬송이다. 이찬원은 가수가 무대 위에서 존재하려면 노래를 들어주는 팬들이 있어야 한다며 항상 감사함을 표현해 왔다. 그런 그가 생애 첫 단독 콘서트 무대에서 깜짝 발표한 이 팬송은 팬들을 향한 진심 어린 마음은 물론 작사 · 작곡 능력까지 알게 해주었다.

프러포즈 노래로도 그만인 사랑스러운 노랫말은 마치 이찬원이 찬스에게 사랑 고백을 하는 듯하다. 이찬원이 찬스에게 하는 이야기지만, 찬스가 이찬원에게 하고 싶은 말이기도 하다.

이찬원의 팬이 되었던 첫 순간을 떠올리게 하고 그때의 감정으로 돌아가게 만든다. 나역시 끝까지 잡은 손을 놓지 않겠다고 다짐하게 되는, 가슴이 몽클몽클해지는 가사이다.

'처음'에 많은 의미를 두는 편이라 이찬원의 첫 자작곡이자 첫 팬송이기도 한 이 노래를 이찬원 노래 중에 개인적으로 가장 좋아한다.

쉰넷에 사고가 났다.
덕통 사고

내 덕질의 시작

'덕통 사고'라는 말이 있다. 교통사고처럼 갑자기 어딘가에, 혹은 누군가에게 열정을 가지게 된다는 의미로 이해했다. 태어나서 처음 들어 본 말이다. 이 말뿐일까? 태어나서 처음 들어 보는 말도, 태어나서 처음 사용하는 말도 무진장 많아졌다. 소위 '덕질'이라는 것을 시작하면서부터이다.

'덕질'이라는 것은 사춘기 학생들이 사용하는 말이고, 그들끼리의 언어인 줄 알았다. 쉰 중반의 내가 사용하게 될 단어, 하게 될 일이라고는 상상도 못 했다.

사고가 틀림없다. 사고가 맞다. '덕통 사고'라는 말 외에는 이 상황을 설명할 적당한 단어가 없다. 누가 만든 말인지 참 적절하다.

나는 노래 잘하고, 끼 많고, 귀엽고, 착하며, 성실하고, 예의 바르고, 재능 많은 트로트 가수이자 방송인인 '이찬원'의 팬이다. 내 큰딸과 동갑인 그를 엄마 같은 마음으로 덕질 중이다.

2019년 12월 25일, 주재원이었던 남편을 따라 인도에서 살다가 귀국을 한 날이다. 마흔넷부터 쉰넷까지 11년 동안 한국의 문화와도 멀어졌고, 한국의 빠른 발전에도 뒤쳐져 있었다. 일 년 내내 한여름인 남인도에서 10년 이상을 살다가 온 나는 한겨울의 매서운 한국 날씨에 적응하기 어려웠고, 인건비가 낮은 인도에서는 거의 접해보지 못했던 무인 키오스크에 서툴러 허둥대기 일쑤였다. 갑자기 귀국한 한국은 추운 날씨 적응도, 빠르게 변한 사회 시스템에 적응하는 것도 쉽지 않았다.

그즈음 나는 한동안 집 밖을 거의 나가지 않았다. 춥기도 했고, 익숙하지 않은 동네가 불편하기도 했으며, 코로나 팬데믹까지 덮쳤기 때문이다. 마스크를 구하기도 힘들었던 팬데믹 초기 사회 전반의 공포감은 외출 자체를 어렵게 만들었다. 그러다 보니 집에서 종일 TV만 켜 놓고 지낼 수밖에 없었다.

인도에서는 한국 TV를 볼 수 없는 환경이었기 때문에 '한국 사람들은 TV만 보고도 살겠구나!' 싶을 정도로 한국 프로그램에 푹 빠져 살았다.

그러던 중 우연히 시청하게 된 프로그램이 바로 '미스터트롯'이었다. 노래 경연 프로그램의 중독성은 강했고, 마치 내가 경연에 참여하는 듯한 기분을 느끼게 했다. 실력 있는 출연자들의 노래와 그들의 사연은 감동적이었으며, 점점 프로그램에 몰입하게 만들었다. 덕분에 3개월 동안 한국에서 지내는 시간이 지루하지 않았다.

그러나 경연이 막바지에 다다를 때까지 그저 내가 보는 재미있는 방송 프로그램 중 하나였을 뿐, 내 인생 최초의 연예인 덕질의 시작이 될 줄은 상상도 하지 못했다.

최종 순위 발표 날, 어김없이 TV 앞에 앉았다. 대부분이 기존 가수였던 최종 멤버 중, 3위를 차지한 대학생 출연자가 있었는데, 그가 바로 이찬원이었다. 귀여운 외모에 정통 트로트를 잘 부르던 그였지만, 당시만 해도 나는 트로트에 큰 관심이 없어서 '귀엽네, 어린 학생이 어떻게 저런 목소리를 낼까? 트로트를 참 잘 부르네' 정도로만 생각한 출연자였다.

우리 가족이 인도에 가기 전에 2년간 살았던 동네에 그의 집이 있다는 얘기를 듣고, 지나가다 한 번쯤 마주쳤을지도 모른다는 호기심이 생기는 정도였을 뿐이다.

그러나 예기치 않은 순간에 사고가 났다. '덕통 사고'였다. 3위에 이름이 불려진 이찬원이 수상 소감을 말하는 그 순간이었다.

3개월 동안 집에서 지켜만 본 시청자인 나도 너무 떨리고 긴장되는 그 시간에 어린 대학생 이찬원이 생글생글 웃으며 서 있다가 3위에 호명되고 나서 마이크 앞에서 하는 말이 너무 대견했다.

수상에 대한 감사의 인사말과 함께 경쟁자들에게도 고마움을 표하고, 코로나로 어려움에 처한 대구 시민과 수고한 사회자 아나운서까지 챙기는 그의 말투와 표정에서 착하고 순수한 마음과 속 깊은 생각이 나에게도 그대로 전해졌다.

사고는 늘 예기치 않은 곳에서 일어난다. 전혀 예상 못 했던 순간이었다. '저 친구 참 괜찮네. 귀엽고 노래도 잘하는 친구가 말도 잘하고 생각도 깊네'라는 생각을 했고, 마음의 동요가 일어났다. 응원하고 싶었고 잘되기를 바랐다.

내 나이 쉰넷에 평생 처음으로 연예인 덕질이라는 예기치 않았던 길에 들어섰다. 10대 때도, 20대 때도 안 해보던 짓이었다. 친구들이 연예인 책받침을 사 모을 때도, TV에서 본 연예인 얘기를 할 때도 나는 별 관심이 없었다. 노래가 좋고, 드라마가 재미있었지만, 그 노래를 부르는 가수나, 드라마 주인공에게 빠지게 되지는 않았다.

그랬던 내가 인생 처음으로 사고를 당했다. 덕통 사고였다. 그 사고 덕분에 즐거운 날의 연속이다. 인도 이야기와 여행 이야기를 주로 하던 내 블로그에 이찬원 이야기를 쓰기 시작했고, 글쓰기를 좋아하는 나에게 활발한 활동을 하는 이찬원은 매일 글감을 제공해 주었다. 재미있는 일이 많았던 인도와는 달리 그날이 그날 같은 한국에서 이찬원은 내 생활의 활력이 되어주었다.

사람이 좋아지니까 그 사람이 부르는 노래 장르도 좋아지는 마법이 일어났다. 노래방에서나 부르던 트로트였지만, 이찬원이 부르는 트로트를 매일 듣게 되었다. 중저음의 굵직한 목소리와 귀여운 외모, 착하고 사교적인 성격, 다양한 재능을 지닌 이찬원의 매력 때문에 콘서트를 찾게 되었고, TV에 나오는 그를 놓치지 않고 시청하게 되었으며, 유튜브도 챙겨 보게 되었다. 이찬원을 찾아서 보는 일은 또 다른 나의 즐거운 취미가 되었다.

덕통 사고는 나이가 더 들기 전에 한 번쯤 나면 좋은 사고였다. 새로운 취미가 되었고 알지 못했던 즐거움이 생겼다. 덕질의 세계가 이렇게 재미있는 세계인지 미처 몰랐다.

쉰넷에 나는 사고를 당했다. 덕통 사고.
쉰여덟이 되었는데도 여전히 그 사고의 후유증을 앓는 중이다. 그 후유증의 증상은 '행복'이다.

딸 둘 엄마,
연예인 아들이 생겼다.

20대 딸, 4살 아들.

마흔도 훌쩍 넘겨서 막내아들을 낳은 친정엄마에게 그 아들은 세상의 전부였다. 딸만 줄줄이 다섯 손가락도 모자랄 만큼 낳고 나서야 결국에 품에 안은 아들은 그야말로 엄마의 우주였다. 엄마의 아들 사랑을 딸들 모두는 당연한 일로 받아들였고, 그런 엄마를 이해하며 살았고, 엄마의 기쁨이 되어 준 남동생을 누나들도 모두 귀여워했다.

막내딸인 나는 아빠 사랑을 많이 받고 자라서인지 엄마의 특별한 아들 사랑이 편애라고는 한 번도 생각해 본 적이 없다. 치킨 다리는 당여히 남동생 몫이었고, 고기반찬 접시도 으레 막내 앞이었지만 아들이니까 그래야 하는 줄 알았다.

엄마의 막내딸도 결혼을 했고, 딸 둘의 엄마가 되었다. 시대가 바뀌었고, 그 딸들의 능력대로 부모가 할 수 있는 만큼의 지원을 하며 키웠다. 아들은 바라지도, 없어서 아쉬웠던 적도 없다.

딸바보 남편이 느닷없이 하는 이야기가 있다. '우리가 아들이 없어서 얼마나 다행인지 모르겠다'며, '장모님 닮아서 너도 분명히 아들 챙기느라 딸은 덜 신경 썼을 것 같다'고. '아들 유학 보내고 뒷바라지하느라 우리 딸들이 하고 싶어 하는 것들을 충분히 지원해 주지 못했을 것'이라고 없는 아들을 상상하며 말도 안 되는 이야기를 할 때가 있다.

농담처럼 하는 남편의 그 말에 나도 괜히 아들이 없어서 다행이라고 말도 안 되는 가정을 하기도 했다.

그러던 어느 날, 나에게 난데없이 아들이 생겨 버렸다. 내 나이 쉰넷에 아들이 생긴 것이다. 4년 전의 일이다.

착하고, 귀엽고, 애교 많고, 잘생기고, 능력까지 있는 그 아들은 내 큰딸과는 같은 나이이고, 작은딸보다는 한 살 위다.

20대 중반을 넘긴 딸들은 일찌감치 경제적, 물리적, 심리적인 독립을 한 상태이다. 그래서 더 이상은 내가 신경 쓰고 간섭할 일이 별로 없게 되었다. 20년 이상 해오던 엄마로서의 일들과 내 생각의 대부분을 차지했던 것들이 많이 줄어들었다. 편하고 홀가분한 것이 크지만 한편으로는 허전하고 섭섭함이 있는 것도 사실이다.

그런 나에게 갑자기 나타난 아들이 있었으니, 바로 가수 '이찬원'이다.

내 큰딸과 물리적인 나이가 같은 그 아들은 심리적으로는 이제 겨우 만 4살이다. 데뷔 한 날, 2020년 3월 14일이 가수로 태어난 생일인 셈이다.

성인이 되었고, 엄마 손이 더 이상 필요 없게 된 두 딸에게 쏟았던 정성이 이제는 4살짜리 연예인 아들에게 향하는 중이다.

쑥쑥 잘 자라는 그 아들은 키우는 보람이 아주 크다. 딸들이 자랄 때 엄마에게 줬던 그 기쁨과 견주어도 모자람이 없다. 성실하고, 착하고, 재능도 많다. 내 딸들에게는 없는 애교까지 가졌다.

아들 편애를 할 것 같다는 남편의 예측이 맞아가고 있다. 비록 멀리서 바라보기만 해야 하는 연예인 아들이지만 요즘 나는 딸들보다 그 아들을 더 자주 보며 산다. 독립한 딸들은 연락도 뜸하고 얼굴 보기도 힘들지만 연예인 아들, 이찬원은 날마다 내가 마음만 먹으면 TV, 유튜브, 공연장에서 볼 수 있고, 볼 때마다 즐거움을 준다. 효자도 그런 효자가 없다. 그러니 편애할 수밖에.

그 아들을 바라보는 내 눈에는 하트가 가득하다. 그러니 그 아들이 연예인 아들이어서 얼마나 다행인지 모를 일이다. 실제 아들이었으면 두 딸이 서운하다며 들고 일어났을지도 모른다.

"딸들아! 고맙지? 엄마에게 아들이 생겨서. 그 효자 아들 덕분에 너희들 귀찮게 안 하니 얼마나 좋아!"

얼굴 좀 보자면 바쁘다, 피곤하다는 큰딸이 목숨 걸고 이찬원 콘서트 티켓을 구해주는 이유가 자기 대신에 이찬원에게 효도를 받으라는 이야기 같다. 딸은 시간 내기 힘들지만, 이찬원은 티켓만 있으면 만날 수 있는 아들인 까닭이다.

엄마의 덕질에 별 관심이 없는 작은딸이 쇼핑 하다가 본 이찬원 광고 배너와, 식당에서 본 이찬원 사인을 찍어서 엄마에게 보내주는 이유는, 엄마의 연예인 아들이 본인 대신 엄마를 기쁘게 해줄 수 있다고 생각했기 때문인 것 같다. 딸은 어릴

나는 이찬원의 팬, 찬스(Chan's)이다.

때처럼 엄마를 자주 웃게 해주지는 못하지만, 이찬원은 늘 엄마를 미소 짓게 하는 아들인 것이다.

딸도 좋고, 엄마도 좋은 일, 실제 아들은 아니어서 남편도 안심인 일, 엄마에게, 아내에게 연예인 아들이 생긴 일이다.

이찬원이 좋아졌다,
트로트가 좋아졌다.

트로트의 매력

"너도 나이가 들었네. 트로트를 다 좋아하고." 종종 듣는 이야기다.

'나이가 들어서 트로트가 좋아진 것일까?' 곰곰이 생각을 해봤다. 이유가 그뿐만이 아니라는 결론이 쉽게 내려졌다.

요즘 내가 듣는 노래는 거의 트로트다. 가끔 예전에 좋아했던 발라드나 팝송을 듣기도 하지만, 이내 시시하고 지루해져서 바로 트로트로 바꾸게 된다. 요즘 나의 음악 취향은 트로트다. 그렇게 되었다.

관심 없고 몰랐던 분야지만, 반복적으로 접하다 보면 관심도 생기고 잘 알게 되고 급기야 좋아지게 되는 경우가 있는데, 나에게는 '트로트'가 그런 분야 중 하나다.

우연한 계기로 어린 트로트 가수 이찬원의 팬이 되었다. 노

래 경연은 모두 끝나고 마지막 순위 발표의 순간, 3위 수상소
감을 말하던 귀엽고 착한 그를 응원해주고 싶었다.

　노래를 너무 잘했지만 트로트에 아직은 마음이 열리지 않
아서 노래가 좋다거나 그 노래를 자꾸 듣고 싶다는 생각은 없
을 때였다.

　그런데 이찬원의 팬이 되고 보니 이찬원이 부르는 트로트
를 들을 기회가 많아졌다. 자주 듣다 보니 트로트에 관심이 가
기 시작했고 몰랐던 것을 알게 되었다. 내가 받아들이지 못했
던 노래는 트로트 중에서도 정통 트로트였고, 내가 발라드라
고 알고 듣던 노래 중에는 트로트인 것들이 많다는 사실도 알
게 되었다.

　단순한 멜로디, 손발이 오그라드는 노골적인 가사, 다소 부
담스러운 과한 꺾기 등 여전히 듣기 힘든 장르였지만 이찬원
의 중저음 음색이 좋아서 몇몇 노래는 다시 찾아서 듣기에 이
르렀다. 귀여운 외모에 그렇지 못한 음색과 감성으로 부르는
어린 가수의 트로트는 새로운 매력으로 다가왔다.

　관심이 없었던, 감상용은 아니었던 음악 장르인 트로트를
자꾸 듣다 보니 귀가 열리기 시작했고 마음이 닿기 시작했다.

단순한 멜로디는 자연스럽게 몸을 움직이게 하고, 직설적이고 촌스럽다고 생각했던 가사는 오히려 그 이유로 마음이 쉽게 흔들리고, 듣기 거북했던 꺾기는 묘한 전율로 다가왔다. 발라드보다 감미롭고, 락보다 흥겹고, 성악보다 깊이가 있고, 힙합의 가사보다 귀에 더 꽂혔다.

트로트의 매력을 알게 되니까 외려 묵직한 정통 트로트가 좋아졌다. 짙은 감성의 정통 트로트는 어떠한 노래 장르보다 깊이 있다는 생각을 하게 되었다. 트로트야말로 인생을 노래하고 마음 깊은 곳까지 터치하는 좋은 노래였다.

음악 장르는 많지만 남녀노소 누구나 쉽게 즐길 수 있는 노래는 트로트인 것 같다. 전주가 나오면 따라 부를 노래에 트로트가 한 곡쯤은 있고, 노래방에서 누구나 한 번쯤 부르는 노래에 트로트는 항상 포함되어 있다.

위와 같은 이유로 '트로트야말로 진정한 대중음악이 아닐까'라는 생각을 하게 된다.

나는 이찬원이 좋아졌다. 귀엽고, 착하고, 성격은 더할 나위 없이 좋고, 재능까지 겸비한 이찬원의 팬이 되었다. 트로트에 대한 이찬원의 진심을 알고부터 그가 부르는 트로트의 매력에 푹 빠졌다.

그가 4년 동안 발매한 모든 앨범의 수록곡이 전부 트로트인 것과 트로트의 다양한 장르를 골고루 선보인 것까지 트로트를 대하는 이찬원의 마음이 보여서 그의 앨범이 무엇보다 소중하다.

'트로트가 남녀노소 누구나 좋아하는 장르라는 것을 입증할 선봉장이 되기 위해서 지원했다.'는 이찬원의 오디션 참가 신청서의 당찬 지원 동기가 단순히 미사여구로 그치지 않고 그의 말대로 되어가고 있는 것만 같다. 그 남녀노소 중의 한 사람인 나도 트로트 장르의 매력에 빠지고 있는 중이다.

트로트가 좋아졌다. 나이가 들어서 트로트가 좋아진 것이 아니라 이찬원 덕분에 몰랐던 음악 장르를 알게 되어서 그 노래가 좋아진 것이다.

이찬원이 좋아졌다. 그래서 트로트도 좋아졌다.

연예인 덕질, 오해했었다.

오해가 이해로, 이해가 즐거움으로.

내가 직접 경험해 보지 않은 세계에 대해 오해하며 사는 경우가 많다.

아줌마가 되기 전에는 치열함을 우악스러움으로, 크리스천이 되기 전에는 기독교인들의 대화를 가식으로, 엄마가 되기 전에는 책무를 욕심으로, 서울에서 살기 전에는 비싼 집을 깔고 사는 일을 어리석다고 오해했다.

그런 오해가 설령 이뿐일까? 내가 경험해 보지 않은 세계는 온전히 알 수 없는 노릇이다. 알지 못하는 것은 '모른다', '관심 없다' 정도에서 멈춰야 하는데, 우리는 종종 편견을 가지게 되고, 긍정적보다 부정적으로 판단하는 경우가 많다.

'나는 하고(되고) 싶지 않아', '나는 하기 싫어', '나는 관심 없어'가 '너는 이상해', '너는 이해가 안 돼', '너는 성향이 독특해'로 변한다. 그러다가 우연이든, 선택이든, 필연이든 그 세계에 발을 들이게 되는 순간, 내가 편견을 가졌고 오해를 했다는 사실을 깨닫게 되는 경우가 많다.

아줌마, 크리스천, 엄마, 서울 시민과 마찬가지로 '연예인 덕질'이 나에게는 그런 수많은 오해의 경험 중 하나였다.

어쩌다 보니 이찬원의 팬이 되었고, 덕질의 세계를 경험하고 있다. 이 세계에 발을 들이기 전에는 역시 크게 오해하고 있었다. '세상에는 가치 있는 일이 얼마나 많은데 고작 연예인에게 시간을 낭비할까?'라는 생각을 하며 '고작'이라고 치부했던 것이다.

학창 시절에는 홍콩 배우 책받침 사진을 들고 종일 그 얘기만 하던 친구가 귀찮을 지경이었고, 티켓이 생겨서 우연히 간 콘서트에서 '오빠! 오빠!'를 외치는 함성 소리에 질려 무서웠던 기억이 있다. 큰딸이 가수 덕질을 할 때도 그 마음이 어떤 마음인지 이해하고 싶지는 않았다.

그랬던 내가, 누군가는 알지 못해 오해할지도 모르는 그 세계에 발을 들여놓았다. 그 세계에 들어와 보니 유덕화의 사진 이야기와 조용필을 외치던 함성이, 외국으로 가는 이삿짐 박스에 소중히 넣었던 슈퍼주니어 화보가 이해가 되었다.

관심이 생기고, 좋아하는 대상이 연예인일 뿐 다른 어떤 취미와 다를 것이 없었다. 노래를 좋아하고 연기에 심취하는 것에서 나아가 노래하는 사람, 연기하는 사람에게까지 마음이 가게 되어 결국 연예인 덕질이라는 것을 하게 되는 것이었다. 마치 화초를 좋아하고 반려견이나 반려묘를 좋아하듯이, 골프를 치고 그림을 그리고 뜨개질을 하며 즐거운 시간을 보내듯이, 그 대상이 연예인이 되었고 그 즐거움이 연예인 덕질이 된 것이었다.

오해했었다. 가족, 친구, 이웃이 있는데도 나와 아무런 상관도 없는 연예인에게 귀한 시간과 마음을 쏟는 그 심리를 이해하지 못했다. 마치 화초, 반려동물을 돌보며, 골프, 그림, 뜨개질에 가족, 친구, 이웃과 별개로 마음과 시간을 투자하듯이 연예인 덕질도 별도의 마음 한구석을 내주는 것이었다. 그 작은 마음의 조각 하나가 내 삶에 활력과 즐거움을 주었다.

나는 이찬원의 팬 '찬스'이다. 이찬원을 덕질 하면서 내 마음의 작은 문간방 하나를 그에게 내주었더니, 알지 못했으면 억울했을 뻔한 다양한 경험을 하게 되었고, 인생이 한층 더 재미있어졌다. 그 문간방이 빈방이 되거나 세입자가 바뀌게 될 날이 올까 봐 걱정될 정도이다.

　　오해했었다. 연예인 덕질이 이렇게 재미있는 세계일 줄은
미처 몰랐었다.

덕질은 마치 짝사랑과 같아서

나의 세 번째 짝사랑

연예인 덕질을 하다 보니, 이것은 마치 짝사랑과 흡사하다는 생각이 든다.

짝사랑이라... 내 짝사랑의 역사는 대학 1학년 때로 거슬러 올라간다. 친구 손에 이끌려 간 곳에서 만난 소위 '교회 오빠'가 내 첫 번째이자 마지막 짝사랑이었다. 그가 내 마음을 알아주길 바라면서도, 동시에 내 마음이 들키지 않기를 바라는 양가감정이 늘 내 안에서 끊임없이 싸우던 기억이 있다.

당시에는 참 못 할 짓이 짝사랑이라는 생각을 했고, 이후로는 짝사랑이라는 것을 하지 않기로 결심했다. 의도적으로 그렇게 살았고, 실제로 그렇게 살아졌다. 간혹 내가 누군가의 짝사랑 대상이 되면, 상대의 감정이 조금이라도 보일 때 단호하게 잘라냈다. 그 못 할 짓을 계속하게 내버려두지 않으려고 했다.

세월이 흘러 짝사랑의 기억은 아름답게만 남아있다. 혼자서 좋아하는 마음, 그것만큼 설레고 애틋한 일이 있을까 싶다. 들키지 않은 짝사랑이기에 예쁜 기억으로 남았는지도 모르겠다. 내 인생에 딱 한 번 있었던 일이기에 더 그렇게 느껴지는 것 같기도 하다.

그때의 그 감정을 다시는 느낄 수 없을 줄 알았다. 그런데 자식을 낳고 엄마가 된 후, 나는 그때의 짝사랑과 비슷한 감정을 다시 느끼며 살고 있다. 딸들보다 엄마가 더 사랑하는, 손해 보는 사랑을 평생 하게 생긴 것이다. 그 손해는 평생 해도 아깝지 않을 손해이다. 딸이 두 명이니 그 짝사랑도 두 번 하고 있는 셈이다.

그리고 또 하나, 예상치 못했던 짝사랑이 찾아왔다.

쉰 중반이 되어서 내 인생 처음으로 연예인 덕질이라는 것을 하게 되었다. 두 가지 감정이 혼합된 짝사랑에 다시 빠진 듯하다.

연예인을 좋아한다는 것, 그의 팬이 된다는 것, 그 마음은 내 경험의 어린 시절의 '짝사랑' 같기도 하고, 자식을 향한 엄마의 '외사랑' 같기도 하다.

우리는 인기 연예인을 '스타'라고 부른다. 멀고, 넓고, 깜깜한 우주에서 반짝이는 별이라고 말한다. 그 별이 내 눈에는 밝고 크게 잘 보이지만, 그 별에게 멀고 작고 어두운 내가 보이기는 만무하다.

덕분에 나는 예쁜 짝사랑을 다시 하고 있다. 나에게 큰 별인 그는 내가 누구인지도, 나의 좋아하는 마음도 알지 못한다. 그래서 내 마음이 들킬까 봐 초조해할 필요도 없고 내 마음을 몰라줘서 서운할 일도 없다. 내가 떠나지 않는 한, 그가 먼저 떠날 일도 없는 그야말로 유리한 입지의 짝사랑이다.

내가 좋아하기만 하면 되는 연예인 덕질, 상대가 나를 몰라서 더 좋은 짝사랑. 이 나이에 이런 순수하고 예쁜 사랑을 어찌할 수 있을까 말이다.

딸들은 대신 효도해 주는 엄마의 '연예인 아들'이 있어서 안심인 듯하고, 남편은 아내의 귀여운 짝사랑을 같이 만나러 다녀준다.

큰딸과 같은 나이의 가수 이찬원은 내 마음의 '별'이자 '아들'이다. 짝사랑하기에 그만인 연예인이다.

나는 이찬원의 팬, 찬스(Chan's)이다.

오늘도 나는 예능 프로그램에서 요리하는 그를 보며 기특해하고, MC를 잘 보는 그를 자랑스러워하며, 행사장에서의 친근한 그에게 고마움을 느끼고, 콘서트에서 열정적인 그에게 열광한다. 재능 많고, 부지런한 이찬원은 내가 보고 싶을 때 언제나 볼 수 있다. 세상에 이런 짝사랑 상대가 또 어디에 있을까.

연예인 덕질은 마치 짝사랑과 같다. 내 짝사랑의 상대는 하늘의 별이면서 동시에 내 옆에서 커가는 아들이다. 그 '별'은 날이 갈수록 더 크게 반짝이고, 그 '아들'은 무럭무럭 멋지게 잘 자라고 있다.

평생 처음 써보는
언어가 생겼다.

재미있는 덕질 용어

어쩌다 보니 이 세계에 발을 들였고, 이 세계에서 사용하는 생소한 말을 사용하게 되었다. 이 세계라 함은 트로트 가수 덕후들이 모인 덕질의 세계를 말한다.

오십 대, 이 세계에서는 적지도 많지도 않은 그냥저냥 중간 연령대인 것 같다. 나이가 적지 않아 꾀를 부리기도 애매하고, 많지도 않아 뒷짐 지고 있기에도 어색한 연령대이다. 이삼십 대, 더 넓게는 사십 대들의 세계였던 이곳에 오륙십 대 이상, 많게는 칠팔십 대까지도 같은 생각으로 모인 특별한 세계에 내가 살고 있다.

이 세계에는 이들만의 특별한 언어가 있다. 이름하여 '덕질 용어'이다. 이곳에 들어온 이상 나이와 상관없이 누구나 사용하는 언어들이다. 모르면 불편한 언어들이다.

언어는 생각을 전달하는 역할을 하는데, 속한 곳에서 사용하는 언어를 모른다면 그 세계를 온전히 이해하기 힘들뿐더러 그곳에 재미를 붙이기도 어려운 노릇이 된다. 해외에서 그 나라 말을 몰라 제대로 즐기지 못하는 것과 별반 다르지 않다.

강산이 여섯 번째 변하는 것을 코앞에 두고 있는 내 평생에 처음 들어 본 말들이 많다. 우리나라 말은 맞지만, 누구나 알아듣는 통용어는 아니다. 젊은 덕후들이 온라인에서 사용하는 생소한 언어를 나도 배우게 되었고, 사용하게 되었다.

'덕질', '덕후' 정도까지는 들어본 적이 있다. '덕주, 입덕, 탈덕, 늦덕, 성덕, 최애, 머글, 취켓팅, 피켓팅, 포도알, 덕계못, 예판, 현매, 스밍, 숨스, 포카, 공카, 공계, 초동, 음방' 등 대충 생각나는 것만 해도 이 정도이다.

무슨 말인가 싶은 이 단어는 소위 덕질 용어들로, 덕질의 세계를 모르면 알 수 없는 말들이다. 어감부터 일단 젊다. '인별', '쩰', '얼굴책', '너튜브'등의 단어는 만든 센스가 귀엽기까지 하다.

생활하는 곳에서 자연스럽게 터득되는 다른 언어들과 마찬가지로 가수 덕질을 하다 보니 문맥상 이해가 되어 저절로 그 뜻을 알게 된 용어들이 많다. 새로운 언어의 뜻을 이해하게 되었을 때의 쾌감이 이 세계에도 있다.

몰랐다고 해서 사는 데 어떤 불편함이 생기는 것은 아니지만, 이 세계만의 생소하고 특별한 말들을 알게 되어 재미있는 건 사실이다. 따로 배우거나, 그 세계에 살지 않으면 이해할 수 없는 일종의 외국어 같은 느낌의 단어들이다.

이 세계를 알지 못했다면 평생 몰랐을 말들이고, 사용할 일도 없었을 그런 단어들이다. 모르고 살았다고 결코 억울할 일은 아니지만, 알고 나니 다른 사람들은 알지 못하는 특별한 것을 나는 가졌다는 뿌듯함이 생긴다. 그 언어들을 사용할 때마다 내 세포들도 그 젊은 단어들처럼 팔딱팔딱 생기를 되찾는 느낌을 받는다.

덕질 용어, 내 평생 처음 써보는 언어이지만 입에도 착착 붙고 재미도 있다. 무엇보다 그 언어를 사용할 때는 확실히 젊어진 것만 같다. 이쯤 되면 내 '덕주' 이찬원이 여러모로 나의 비타민인 것이 틀림없다.

나는 이찬원의 팬, 찬스(Chan's)이다.

현재 나는 3개 언어를 할 수 있게 되었다. 한국어, 인도 영어, 그리고 '덕질어'다.

한국어는 모국어라 가장 잘하는 언어이고, 인도 영어는 우리 딸들이 실력을 인정한 '살아남기 위한 용감한 한국 아줌마의 브로큰 언어'이며, 덕질어는 이찬원의 팬이 되어 새롭게 알게 된 신기하고 재미있는 언어이다.

4년 동안 사용을 하지 않아 많이 잊어버린 인도 생활 영어도 다시 배워야 하고, 이찬원 덕질을 계속하려면 모르는 덕질어도 더 배워야 한다. 이 나이에 웬 언어 공부 풍년인지 모르겠다.

인도 생활 영어는 가서 부딪히며 살다 보니 다시 배우게 되었고, 덕질어는 이찬원을 탈덕하지 않는 이상 새로운 말을 자꾸 배우게 될 것이다.

누구나 사용하는 통용어는 아니지만, 인도 타밀나두식 브로큰 영어와 마찬가지로 줄임말이 넘치는 덕질어는 배우고 사용하는 즐거움이 있다. 내가 사는 세계가 더 재미있어지는 계기가 된다.

"스쿨 고잉 마담?", "포도알은 보였는데 취켓팅에 실패했어!"

한동안 내가 들어야 할 말들이고, 나는 거뜬히 알아들을 수 있는 말들이다.

나는 이찬원의 팬, 찬스(Chan's)이다.

덕질이 바꾼 나의 색깔 취향

핑크가 좋아졌다

이찬원의 공식 팬덤 색깔은 '로즈골드'다. 팬들이 아이돌 가수들이나 기존 트로트 가수들의 팬덤 색과 겹치지 않는 선에서 심사숙고해 투표로 결정한 색깔이다.

'로즈골드'라고 하면 언뜻 어떤 색인가 싶지만, 인디언 핑크나, 연핑크 정도의 컬러라고 보면 된다.

이찬원의 팬들은 콘서트나 지자체 행사 때 로즈골드, 연핑크 옷을 입고 '나는 이찬원 팬이다'를 온몸으로 표현하곤 한다. 나 역시 콘서트에 갈 때는 굿즈로 나온 로즈골드 후드티를 입거나, 등에 '이찬원 96'이라고 적힌 로즈골드 야구복을 걸친다. 때로는 비슷한 연한 핑크색의 원피스 또는 블라우스, 셔츠를 챙겨 입는다.

그런데 그 핑크색이란 것이 50여 년 평생에 내가 입겠다고 사 본 적이 없는 색이다. 입어본 기억조차 없다. 그러니 처음엔 굿즈 티를 집에서부터 입고 나가는 게 무척이나 어색해서 핑크 옷은 가방에 넣어 콘서트장 근처에서 갈아입곤 했었다.

그랬던 내가 요즘은 자꾸 연핑크 색에 눈이 가고, 손이 간다. 마음이 간다는 이야기이다.

베이지, 브라운, 블랙, 화이트가 주를 이루던 내 옷장의 옷들 사이에 핑크색이 군데군데 섞이기 시작했다.

옷뿐만이 아니다. 가방, 스카프도 핑크색이 생겼다. 실내 슬리퍼를 사려고 구매처에 갔다가 예전에는 쳐다보지도 않았을 핑크색에 나도 모르게 손이 가고, 나의 약통, 손 선풍기, 휴대폰 케이스까지 핑크색이라는 사실을 알게 됐을 땐 '내가 왜 그랬지?'라며 기겁을 했던 적도 있다.

도쿄에 사는 친구가 백화점에 왔다면서 엔화 환율이 좋아 일본 브랜드 핸드백을 대신 사다 주겠노라며 사진에서 고르라고 했다. 검은색이나 베이지색을 고르는 것이 당연했던 내 눈에 핑크색이 너무 예뻐 보였다. 내 눈에 예쁜 걸 사야 되는 것이 인지상정 아니겠는가! 예쁜 핑크색을 사달라고 부탁 하면서도 내 취향이 언제부터 이렇게 바뀌었는지 나도 모르게 실소가 나왔다.

핑크색을 좋아하는 큰딸의 취향을 도무지 이해하지 못했던 엄마는 쉰 중반을 넘기면서 딸보다 더 많은 핑크 아이템을 자꾸 집에 들이고 있다.

색깔이라는 것이 심리 상태에 영향을 미치는 것 같기도 하다. 차분하고, 어두운 색만 고집하던 내가 발랄하고, 밝은 분홍색을 입고, 들고, 사용하다 보니 내 마음도 온통 분홍으로 물들고 있는 것만 같다. 칙칙했던 내 인생에 이찬원이라는 귀여운 가수가 개입되면서 '핑크 핑크한 삶'이 되고 있다. 어떤 면이 그런지 딱 꼬집어서 말할 수는 없지만, 내가 느끼는 요즘의 내 시간들은 그저 분홍 같고, 핑크스럽다.

귀엽고 착하며, 재능이 많고, 노래를 잘하고, 음색이 내 취향이라 이찬원의 팬이 되었다. 그런데 그 가수 이찬원은 나의 색깔 취향을 바꾸어 놓더니 내 마음도 핑크처럼 환하게 만들어 주고 있다. 덕질의 순기능인 것이 분명하다.

이찬원 덕질을 안 했다면 평생 이렇게 예쁜 핑크색을 한 번도 안 입고, 안 가져보고 살았을 것이 분명하다. 얼마나 억울할 뻔했는가 말이다.

낡은 잠옷을 버리고 새 잠옷을 사려고 인터넷 쇼핑몰을 뒤지던 나는 자연스럽게 핑크 계열에 눈길이 간다. 핑크 잠옷이라니, 이게 말이 되는가 말이다.

이찬원 덕질은 55년 동안 굳어있던, 콘크리트보다 더 단단했던, 나의 색깔 취향을 완전히 바꿔 놓았다. 여러모로 내 인생에 많은 긍정적인 변화를 주고 있다.

이찬원 팬이 되길 참 잘했다.

나는 이찬원의 팬, 찬스(Chan's)이다.

반려식물과 반려이찬원

'반려'라는 단어가 가진 위로와 안정감

다시 적응하며 살게 된 한국에서 엄마가 심심해 보였는지, 갱년기를 지나며 우울해 보였는지, 아니면 자녀에게 더 이상 신경 쓸 일이 많이 없는 엄마가 공허해 보였는지, 딸들이 주택으로 이사를 가면 강아지를 키워보라고 권했다. 자기들을 대신할 무언가가 엄마에게 필요하다고 느낀 것 같았다. 하지만 강아지를 들이는 일은 여전히 두렵고 자신이 없다.

어린 시절, 우리 집 마당에는 동물을 좋아하는 아버지 때문에 다양한 종류의 개들이 있었다. 허술하게 짜인 나무집에는 토끼가 살기도 했고, 병아리가 자라 성계가 되는 과정을 지켜보기도 했다.

그럼에도 불구하고 나는 움직이는 동물이 무서웠고 친해져본 적이 없다. 언제 어디서였는지 정확한 기억은 없지만, 어릴 적 갑자기 무섭게 달려드는 오리에게 쫓겼던 경험 때문인 것 같다. 남들에게는 우스울 수 있는 일일 수도 있겠지만, 성인이 되어서도 힘든 일이 있을 때면 오리가 쫓아와 밤새 도망가는 꿈을 꿀 정도로 나에게는 큰 사건이었고, 이 나이가 되도록 동물을 무서워하는 트라우마로 남게 되었다.

아버지는 동물 기르는 것뿐만 아니라 식물을 키우는 것도 좋아하셨다. 꽃밭에 쪼그리고 앉아서 늘 뭔가를 하시던 아버지의 그 뒷모습은 어린 내 눈에 평온해 보였고, 안정감이 느껴졌다. 그 영향인지 나도 식물 키우는 일을 좋아하게 되었다. 나 역시 식물을 돌보면 평화롭고 행복함을 느낀다.

딸들은 엄마가 동물을 무서워한다는 것을 잘 알지 못했고, 엄마가 식물을 좋아했다는 사실도 기억하지 못하는 것 같다. 딸들이 초등학생이었을 때 아파트 베란다 가득 식물을 키우던 엄마는 잊어버리고, 인도에서 유기견을 볼 때마다 불쌍해하던 엄마만 기억하는 것 같다.

고등학교 2학년 때부터 40년 동안 아파트에서만 살았고, 인도에서조차 아파트만 고집했던 내가 주택으로 이사를 감행한 것도 작은 정원을 가꾸며 살고 싶다는 생각 때문이었는데 말이다.

나는 이찬원의 팬, 찬스(Chan's)이다.

지금은 3평 작은 정원에서 계절 따라 다양한 식물들을 키우고 있다. 그야말로 나의 반려식물이다. 그 녀석들만 바라보면 무거운 마음도 가벼워지고, 세상사 어떤 일도 별일 아닌 것처럼 느껴진다. 뙤약볕 아래에 쪼그리고 앉아서 호미질과 삽질을 해도 힘든 줄 모른다. 내가 목마른 건 참아도 정원 식물에 물 주는 일은 잊지 않는다. 건강하게 자라길 바라며 식물 영양제도 챙기고, 병충해를 입을까, 폭우에 쓰러지지나 않을까, 겨울 추위에 무사할까 염려되어 천연 살충제를 뿌리고, 지지대를 세우고, 방한용 천으로 나무를 감싼다.

그렇게 정성껏 키운 과실수에 열매가 맺히고 화초에 예쁜 꽃이 피면 그 보람은 말로 표현하기 어려울 정도로 크다.

요즘 나의 가장 큰 관심사는 내 정원의 식물들이다. 그리고 또 하나, 그 식물에 버금가는 관심사가 있는데 바로 내 연예인, 이찬원이다. 그 둘 덕분에 심심할 틈이 없고, 우울할 일도 없으며, 다른 안 좋은 생각을 할 여유도 없다. 정원 가꾸기와 이찬원 덕질 덕에 하루가 어떻게 지나는지 모를 정도다.

그런 면에서 내가 좋아하는 가수 이찬원도 어쩌면 우리 집 정원의 목련나무, 백일홍나무, 뽕나무, 대추나무, 보리수나무나 장미, 수국, 패랭이처럼 나와 함께하는 반려의 개념이 아닐까라는 생각을 해본다.

반려식물처럼 이찬원도 나에게는 '반려이찬원'이라 불릴만한 충분한 조건을 갖추었다.

반려식물을 돌보듯이 이찬원에게도 정성을 쏟기 때문이고, 반려식물이 주는 보람을 이찬원에게서도 얻기 때문이며, 반려식물이 주는 행복감을 이찬원도 주기 때문이다.

큰딸 집 수족관 안의 새우들도 '반려새우'라 불리는데, 내 일상의 일부가 된 이찬원을 그 범주에 넣는 것은 전혀 무리가 없다고 본다. 오히려 반드시 반려의 범주 안에 포함해야 할 듯하다.

'반려'라는 단어를 붙였을 뿐인데, 식물도 이찬원도 한결 더 가깝게 느껴지고 가족 같다는 생각이 든다.

반려자, 반려동물, 반려식물, 반려이찬원. '반려'만 붙으면 사람도, 동물도, 식물도, 하물며 이찬원도 심리적인 의지가 되고 함께 살아갈 짝이 되는 것만 같다. '반려'라는 단어가 주는 위로와 안정감이 있다.

나는 이찬원의 팬, 찬스(Chan's)이다.

나에게는 반려식물도 있고 반려이찬원도 있다. 반려식물은 행복하게 키우는 중이고, 반려이찬원은 즐겁게 덕질 중이다. 가족과는 별개로 내 반려식물과 반려이찬원이 정서적인 의지가 되고 있다.

참 잘한 선택이었다. 정원이 있는 주택으로 이사한 것도, 이찬원의 팬이 된 것도.

엄마, 할머니 팬덤이 몰려왔다.

가수 팬덤의 지각변동

나는 이찬원의 팬 '찬스'이다. 50대 아줌마인 내가 딸 또래인 20대 가수의 팬이 되었다. 그런 일이 일어나 버렸다.

50대 중후반의 나이에 이런 일이 생겨서 당황스럽기도 하지만, 타인에게 피해만 주지 않는다면 내가 재미있고 즐거운 일을 눈치 보지 않고 모두 하고 살자는 인생관이 갱년기를 지나면서 더욱 확고해졌다. 그리고 그 영역에 마침 이찬원이 들어온 것이다. 그의 팬이 된 이후로, 이전에는 해보지 못한 새롭고 재미있는 경험을 많이 하고 있다.

현재 이찬원의 공식 팬카페 회원 수는 6만 명이 훌쩍 넘는데, 나는 회원 수가 3만 명쯤일 때 가입했다.

이찬원 팬들의 기부 기사를 접하고, 가수 이름으로 하는 좋은 일에 동참하고 싶은 마음에 한 팬카페에 발을 들였고, 이후에 공식 팬카페가 따로 있다는 사실도 알게 되었다.

공식 팬카페 가입, 그 일이 제대로 된 내 덕질의 시작이었다. 그곳에 가보니, 단순히 노래나 듣고 TV나, 유튜브를 보며 "예쁘다, 잘한다"라고만 하던 나는 진정한 팬이 아니었다. 가수의 팬이 해야 할 일이 너무 많았고, 익숙해지기까지 정신을 차릴 수 없을 정도였다. 팬카페에서 사용하는 용어들도 생소했고, 투표 해야 하는 곳, 봐야 하는 것, 좋아요를 눌러야 하는 곳이 너무 많았다. 내가 좋아하는 노래만 들어서는 안 되었고, 리스트대로 음원 스트리밍도 해야 했다.

낯설고 어려웠지만, 그래서 재미는 있었던 덕질의 시작이었다. 새로운 것을 배우는 즐거움이 덕질 초기에는 큰 부분을 차지했다. 젊은 사람들만 하는 영역에 나도 동참하는 즐거움이 있었고, 나의 재미와 작은 수고가 내가 좋아하는 가수에게 상을 안겨주고, 그의 이름을 알리는 데 보탬이 된다는 만족감도 있었다.

현재 50대 후반인 나는 또래 중에서는 스마트폰을 비교적 잘 다루는 편이라고 자부했지만, 팬카페의 다양한 응원법을 배우고 따라가기에는 조금은 숨이 찼다. 그곳의 팬들이 정말 대단해 보였고, 그래서 열심히 활동하는 팬들의 연령대가 40

대 이하, 많아도 50대 정도일 것으로 생각했다. 그런데 그렇지 않았다.

지금은 이찬원이 가수뿐 아니라 다양한 방면에서 활동 중이지만, 그의 시작이 보수 채널의 트로트 오디션이었기 때문에 팬들의 평균 연령대가 다소 높은 편이었다. 온라인상의 댓글이나 오프라인 콘서트 현장에서 보이는 팬들의 비율을 보면, 50대와 60대는 물론이고 70대, 많게는 80대 팬들도 많이 보인다.

그들을 보면 나이와 덕질은 아무 상관이 없어 보인다. 젊은 팬들이 가르쳐주는 팬덤 문화를 열심히 배우고, 다루기 어려웠던 스마트폰의 다양한 기능들도 습득하면서 덕질의 재미에 푹 빠져 있다.

자식을 다 키우고 사회생활에서도 한걸음 물러서 있는 그들이, 시간적으로도 경제적으로도 여유가 생긴 이유가 아닐까 한다.

여기에 엄마, 할머니 마음이 더해져 그들이 덕질에 쏟는 에너지는 놀라울 정도이다.

이찬원은 그들에게 단순한 연예인을 넘어선 아들, 손자가 된 듯하다.

아직 현역으로 바쁘게 살아야 하는 젊은 팬들의 손이 미처 닿지 않는 곳에서, 엄마와 할머니 팬들이 열정적으로 응원하고 있다.

이제 '팬덤'이라는 단어는 더 이상 10대, 20대들만의 용어가 아니다. 젊은 트로트 가수들이 새로운, 특별한 연령층의 팬덤을 형성하고 있다. 트로트 오디션이 배출한 스타 가수들의 팬덤은 아이돌 가수들의 팬덤과 비교해도 전혀 뒤지지 않는다.

엄마 팬들과 할머니 팬들이 우리나라 가요계에 막강한 파워를 가진 연령층으로 떠오르고 있다. 아이돌 가수의 판이었던 가요계에 지각변동이 일어났고, 새로운 팬덤 문화가 시작되었다. 이 팬덤은 강력하고 끈끈하다. 시간도, 경제적 여유도 있으며, 누구도 이길 수 없는 엄마와 할머니의 사랑을 가지고 있다. 내 자식을 키운 정성으로 내 가수를 키워내고 있는 것이다.

가요계에 엄마와 할머니 팬덤이 몰려왔다. 이찬원의 팬덤 '찬스'가 그러한 팬덤의 대표적인 예시이다. 아직 20대인 이찬원의 재능, 인성, 성실성을 좋아해서 모인 다양한 연령층의 팬들 중, 특별히 엄마와 할머니 팬들의 활약이 눈부시다. 이들은 그의 과거와 현재는 물론, 특히 그의 미래를 기대하고 응원하는 팬들이다.

나는 아직 엄마 팬이지만, 할머니 팬이 되어 있을 나와 그때의 이찬원을 상상해 보기도 한다. 내가 70대가 되면 이찬원도 40대가 되겠지만, 나는 여전히 엄마 팬일까? 엄마여도 좋고, 할머니여도 좋다. 지금도 '찬스'이고, 그때도 변함없이 '찬스'일 것이라는 사실이 중요할 뿐이다.

50대 아줌마의 트로트 가수 덕질이 궁금하세요?

궁금하면 시작해 보세요.

내 블로그를 보고 인터뷰나 설문 조사를 요청하는 경우가 종종 있다. 블로그 카테고리 중 하나를 떡하니 차지하고 있는 '귀여운 이찬원'이 그 이유이다.

그 '귀여운 이찬원'은 수십 개국의 여행 이야기보다, 나의 인도 살이 11년보다, 내가 먹었던 음식들보다, 내가 사는 이야기보다 더 상단에 놓여 있다.

그래도 '브런치스토리'보다는 한 단 아래에 두었다. 내 블로그가 순수 팬 블로그가 아닌 이유이기도 하지만, 블로그의 정체성을 아직은 '이찬원'보다 '글쓰기'에 두고 싶어 하는 심리가 반영된 것 같다. 하지만 그것은 내 다짐일 뿐이고, 사실 내가 가장 상단에 두고 싶은 카테고리는 '귀여운 이찬원'이다. 현재 나에게 가장 큰 관심사이자 재미가 그곳에 있기 때문이다. 그래서 가장 많은 글이 올라가는 곳도 '귀여운 이찬원'이다.

블로그를 훑어보다가 내가 이찬원의 팬, '찬스'라는 것을 알았을 테고, 3,000명에 가까운 블로그 이웃과 하루 방문자 1,000여 명을 보았을 것이다. 상당수의 이웃과 방문자가 '찬스'인 것도 눈치챘을 것이다. 그래서 인터뷰나 설문조사의 타깃이 되었을 것이라 짐작한다.

기사 작성을 위해서, 학교 과제에 필요해서, 새로운 사업 구상을 위해서 그들은 트로트 가수의 아줌마 팬들에 대해서 알아보고 싶어 한다. 아이돌 가수 팬덤과 어떤 차이가 있는지, 어떤 팬 활동을 하는지 궁금해한다.

간혹 그 인터뷰나 설문에 답변해 주는 경우가 있는데 그 대답이라는 것이 사실은 특별할 것도 없다. 나이가 들었다고 좋아하는 마음의 색깔이 다르지 않고, 응원하는 방법에 별 차이가 있는 것도 아니기 때문이다.

방송을 챙겨보고, 콘서트나 행사에 구경 가고, 굿즈를 사고, 음반을 구매하고, 음원 스트리밍을 하고, 각종 투표와 영상 조회수에 신경을 쓴다. 아줌마 팬들도 나이 어린 아이돌 팬들과 다를 바가 없다는 이야기이다.

인터뷰를 하다 보면 그래도 이 나이에, 아이돌 가수는 아니지만 팬덤을 거느린 이찬원의 덕질을 하고 보니 이런 점이 좋은 점이 있다고 깨달아지는 것이 있다.

음악과 함께하는 일상이 되었고, 집중해서 관심을 두는 대상이 생겨 심장과 두뇌가 활발히 활동 하게 되었다. 콘서트장과 행사장에 다니느라 여행도 하게 되었고, 운동도 되었다. 어렸을 때도 해보지 못했던 예쁜 굿즈 옷을 입고, 반짝반짝 응원봉을 들면 마음은 어려지고 발랄해진다. 게다가 스마트폰 다루는 실력도 늘어가고 있다. 이찬원 출연 예능 프로그램을 챙겨보다 보면 몰랐던 세상 이야기에도 관심을 가지게 되고, 상식도 늘어나게 된다.

아이돌 팬들과 다르지 않지만, 그 다르지 않은 팬 활동이 중년의 아줌마에게는 생활의 활력이 되고, 충분히 긍정적인 취미 활동이 되고 있다.

50대 아줌마의 이찬원 덕질이 궁금하시다고요?
아이돌 팬들과 다르지 않아요. 팬덤을 거느린 가수라는 공통점 덕분에 팬들의 연령층이 덕질의 성격을 크게 좌우하지 않는 것 같아요. 같은 감성, 같은 열정이에요.

50대 아줌마의 덕질이 궁금하신가요?
궁금하면 한번 해 보세요!

덕질하기 딱 좋은 나이

어리지 않아서 더 좋아!

'덕질'이라는 용어 자체에 이유 없는 거부감이 들 때도 있었다. 직업이나 직책을 비하하는 의미를 더하는 접미사 '~질'이 붙은 탓이리라.

'갑질', '도둑질', '정치질'처럼 '덕질'도 부정적인 느낌의 단어였고, 그 때문에 덕질을 하는 사람들에 대한 약간의 편견이 있었던 것도 사실이다.

그런데 그 덕질이란 것을, 그것도 연예인 덕질이라는 것을 나도 하고 있다.

덕질이라는 단어의 어감이나 문맥상 의미는 알고 있지만, 요즘 자주 사용하는 그 단어의 정확한 뜻이 무엇인지 찾아볼 생각은 하지 못했다. 그러다 불현듯 그 정확한 의미가 알고 싶어 찾아보니 우리말 사전에도 엄연히 나와있는 단어였다. 사전적인 의미대로 나는 이찬원이라는 분야를 좋아하고, 그와 관련된 것들을 파고드는 중이다.

아이돌 가수의 전유물처럼 여겼던 팬덤 문화가 트로트 가수에게도 생겼다. 그 팬덤의 대다수가 50대와 60대, 그 이상의 연령층이지만, 아이돌 가수의 어린 팬들 못지않게, 어쩌면 그보다 더 열정적인 '팬질'을 그들은 하고 있다.

덕질이라는 것을 하고 보니, 부정적인 편견을 가질 필요가 없는 것이었고, 여느 취미활동과도 크게 다르지 않았다.
취미활동이란 시간적, 경제적, 정서적 여유가 있을 때 더 편히 즐기고 누릴 수 있는 것이라면, 덕질도 이와 같은 요건일 때 더 잘할 수 있는 것이지 않을까?

그들은 육아에서 자유로워졌고, 열심히 산 젊은 시절의 보상으로 경제적인 여유를 가졌으며, 갱년기를 겪으면서 감성도 풍부해졌다. 시간적, 경제적, 정서적 여유가 생긴 그들은 누구보다 취미활동에 열정을 쏟을 수 있는 여러 요건을 갖추었다.

나는 50대이다. 그리고 60대를 향해서 가고 있다. 딸들은 내 손이 더 이상 필요 없는 나이가 되었고, 전업주부로 30년에 가까운 시간을 충실히 보낸 후의 다소 여유 있는 주머니를 가졌다. 다시 사춘기가 온 듯이 웃음도 눈물도 많아졌고, 그때처럼 감수성이 풍부해졌다.

덕질하기 딱 좋은 여러 조건을 갖추었다.

치열하게 자녀를 키워낸 저력이 있고, 이제는 나를 위해서도 돈을 아끼지 않아도 되고, 갱년기를 지나면서 주체하지 못하는 감정을 가지게 되었다.

덕질하기 딱 좋은 나이다.

거기에 덧붙여서 20대에 컴퓨터를 처음 접했던 세대인 나는 덕질에 필요한 인터넷상의 각종 응원법도 쉽게 배울 수 있고, 딸을 키우면서 자연스럽게 알게 된 신조어나 덕질 용어도 무리 없이 이해할 수 있으며, 혼자서도 콘서트 관람을 위해 전국 어디라도 갈 수 있는 체력이 있다. 젊은 시절에 가족을 위해 열심히 산 엄마와 아내의 취미활동을 적극 지원하는 가족이 있다.

덕질하기 딱 좋은 나이다.

가수 이찬원을 너무 좋아하는 중년, 노년의 팬들 중에는 자신이 좀 더 젊었으면, 좀 더 어렸으면 좋았겠다며 아쉬워하시는 분들이 더러, 아니 많이 있는 것 같은데 모르는 말씀이다.

그랬다면 지금처럼 덕질이 즐거울 수 있었을까? 지금처럼 열
정적인 덕후가 되었을까? 지금처럼 이모, 고모, 엄마, 할머니
의 마음으로 어린 가수를 품을 수 있었을까? 가족들의 눈치를
안 보고 내 즐거운 취미활동을 마음껏 할 수 있었을까?

지금 우리는 덕질하기 딱 좋은 나이다.

나는 이찬원의 팬, 찬스(Chan's)이다.

덕질의 순기능, 기부 동참

태산이 되는 작은 티끌의 기적

쉰을 넘긴 나이에 인생 처음으로 연예인 팬카페에 가입하는 일이 벌어졌다. 가수, 20대, 그것도 트로트 가수의 팬카페에 말이다.

팬카페 가입이 결과적으로 본격적인 연예인 덕질을 시작하게 된 계기가 되었지만, 처음 가입한 목적은 그 이유가 아니었다.

2019년 12월, 인도에서 11년 동안 살다가 귀국했을 때다. 귀국 일주일 뒤부터 마침 한국에선 트로트 오디션 프로그램이 시작되었고, 나는 그 프로그램에 푹 빠져 매일 시청을 하게되었다. 그러다 귀엽고, 착하며, 노래도 잘하는 이찬원이라는 청년에게 관심이 생기게 되었고, 이후 TV도 챙겨보고, 영상도 찾아보고, 포털에 검색도 하며 이찬원 보는 재미로 지내게되었다. 그러던 어느 날, 이찬원의 팬카페에서 좋은 일을 많이한다는 기사를 접하게 되었다.

열악한 인도에서의 내 삶은 자칫 무료하고 불평투성이가 될 수 있었지만, 가난한 인도 사람들이 마음으로 보이기 시작한 이후부터 상대적으로 내가 누리는 것이 얼마나 큰 것인지 알게 되었고, 봉사하고 기부하는 보람이 인도에서의 긴 시간을 버티는 힘의 한 부분이 되었다.

귀국 후에 한국 생활에 적응할 시간이 필요했지만, 팬데믹으로 외출이 어려워지고 사람 만나는 일도 힘들어지면서 서서히 무기력해지고 있었다. 그러던 중 우연히 접한 이찬원 팬들의 기부 기사는 나도 모르게 팬카페를 검색하게 만들었다.

결국 팬카페에 가입하게 되었고, 팬들이 하는 '내 가수' 응원을 나도 자연스럽게 따라 하게 되었다.

기부에 대한 관심이 결국은 본격적인 이찬원 덕질의 시작이 된 것이다.

팬카페에서 다양한 사람들의 글을 접하면서 덕질의 긍정적인 효과가 많다는 사실을 알게 되었다.

덕분에 우울증이 사라졌다거나, 소극적인 성격이 바뀌었다거나, 건강을 되찾았다거나, 유쾌해지고 밝아졌다는 이찬원 팬들의 개인적인 이야기가 허다했고, 이찬원의 생일이나 데 뷔일 등의 기념일에 팬들이 마음을 보태서 '기부'를 하는 팬덤 형태의 좋은 일들도 많았다.

청각장애인 지원 단체에 최고 2억여 원을 시작으로 꾸준히 성금을 전달하고 있으며, 이찬원의 기부 소식을 접한 팬들이 가수를 따라 수재민 돕기에 1억 6천여만 원을 기부하기도 했 다.

이찬원이 가수로 데뷔한 지 4여 년 동안 그의 팬들은 장애 인단체, 독거 어르신, 소방서, 노인복지회관 등 다양한 곳에 성금을 기부해 왔고, 이찬원 모교에 장학금을 후원하기도 했 다. 또한 쌀, 연탄, 김장 김치, 생리대부터 이찬원이 방송에서 우승해 출시된 편의점 도시락과 삼각김밥까지 다양한 물품을 후원해 왔으며, 이찬원이 무대에 오르는 지역축제에서는 그 지역 특산물을 대량으로 구매해 기부하기도 했다. 이찬원이 어릴 때 봉사활동을 했던 야구 재단에 기부 하고, 이찬원 팬 블로그를 운영하며 생긴 해피빈을 팬덤 이름으로 저금해 기 부하는 등 여러 지역에서 다양한 형태의 기부가 '찬스'의 이름 으로 이루어지고 있다.

연예인의 팬이 되어서 내 즐거움을 찾는 것에 그치지 않고, 그 연예인의 팬이라는 소속감이 좋은 시너지를 내고 있다. 비록 나는 적은 금액을 모금에 보태지만, 그 적은 금액의 티끌은 태산이 되어서 어려운 사람들에게 전해진다.

마음은 있지만 기부의 방법을 몰랐거나, 적은 금액의 기부가 망설여졌거나, 기부에 관심이 없던 이들이 이찬원의 팬이 되고 나서 여러 경로의 기부에 동참하는 계기가 된 것은 사실이다.

나는 처음부터 기부에 동참하고 싶었고, 이왕이면 이찬원을 좋아하는 팬의 한 사람으로서 같은 마음의 다수의 팬들과 함께하고 싶어 팬카페에 가입했지만, 그 이유 또한 내 티끌이 태산을 이루는 작은 돌멩이가 될 수 있어서 뿌듯하다.

연예인 덕질이 시간 낭비, 돈 낭비, 감정 낭비라고 오해하는 이들이 있다면, 꼭 그렇지만은 않다고 말해주고 싶다. 덕질의 순기능은 매우 많기 때문이다.
내가 좋아하는 일을 하며 행복을 찾는 여느 취미활동과 다르지 않기 때문에 시간 낭비도, 돈 낭비도 아니며, 좋은 엔도

르핀이 나오는 일이니, 감정 낭비는 더더욱 아니다.

하물며 사회 구성원으로서 '기부'라는 의미 있는 일에 수시로 동참할 기회를 가질 수도 있다니, 이만하면 연예인 덕질의 순기능은 차고도 넘친다.

이찬원의 팬이 된 나는 그래서 '이찬원'이 고맙고, 누구인지 알지 못하는 수많은 이찬원 팬 '찬스'들이 감사하다.

지루한 일상에 즐거움을 주는 '이찬원'이 고맙고, 적은 금액을 보냈을 뿐인데 수천, 수억의 큰 금액을 기부하게 되는 즐거움을 주는 '찬스'들이 감사하다.

내 덕질의 조력자이자
가정의 평화유지군

의구심과 지지의 그 중간 어디쯤

아내이자 엄마인 내가 평생 안 하던 짓을 시작하면서 어리둥절해하던 남편과 두 딸은 내 덕질을 자연스럽게 인정하기에 이르렀다. 하루 이틀 하고 말 것 같았던 이찬원 덕질은 어느새 나의 일상이자 우리 가족의 일상이 되었다.

이찬원이 출연하는 프로그램이 시작되면 TV 리모컨은 당연하다는 듯이 남편 손에서 내 손으로 건네지고, 딸들은 틈만 나면 엄마 입에서 나오는 이찬원 이야기를 이제는 아무렇지 않게 들어준다.

'편스토랑'에서 이찬원이 우승한 다음 날은 편의점 삼각김밥이나 도시락, 컵밥, 햄버거를 먹어보는 일을 당연하게 생각한다.

이 정도만으로도 충분하다 싶었던 가족들은 '저러다 말겠지' 생각했던 나의 이찬원 덕질이 4년 넘게 한결같음을 보더

나는 이찬원의 팬, 찬스(Chan's)이다.

니, 덕질 인정을 넘어서 이제는 내 덕질의 조력자가 되고 있다.

남편은 지방 행사나 콘서트에 데려다주는 운전기사 역할을, 한때 아이돌 덕질 좀 해 본 큰딸은 콘서트 티켓팅 전담을, 관심 없다며 신경 안 쓰는 척하는 작은딸은 이찬원과 관련된 것만 눈에 띄면 무심히 엄마에게 건네준다.

여행이라는 명목으로 부산, 전주, 문경, 평창 등의 전국 콘서트와 축제에 운전을 해서 함께 가주는 남편, 이찬원 콘서트가 시작되면 회사에서 일하다가도 만사 제쳐두고 티켓팅 전쟁에 참전하는 큰딸, 지하철역이나 식당에 이찬원 광고나 사인이 보이면 어김없이 사진을 찍어서 보내고, 편의점에 이찬원 얼굴 사진이 붙은 상품이 눈에 띄면 사 들고 오는 작은딸까지, 내가 강요한 적은 없지만 가족 모두 아내와 엄마의 이찬원 덕질에 훌륭한 조력자 역할을 자처하고 있다.

남편도, 딸들도 알고 있기 때문이다. 아내의 행복이 가정의 평화를 가져오고, 엄마의 관심이 다른 곳에 가 있어야 본인들이 편하다는 것을.

"오늘은 이찬원 안 나오나?" TV 리모컨을 만지작거리며 남편이 묻고, "좋은 자리 못 구했어" 큰딸이 미안해하고, "이찬원 햄버거 그쪽 편의점에는 한 개 있더라" 운동 다녀오는 작은딸 손에 들린 햄버거 봉지에 귀여운 이찬원이 눈을 동그랗게 뜨고 쳐다본다.

우리 가족은 4년째 가정의 평화유지군 역할을 묵묵히 수행 중이고, 덕분에 내 덕질의 나라는 평화롭기만 하다.

나는 이찬원의 팬, 찬스(Chan's)이다.

몸이 멀어지면
마음도 멀어질까?

인터넷 하늘에 떠 있는 이찬원이라는 별

한국의 추위와 낯섦에 적응이 어려웠던 그때, 코로나 팬데믹까지 겹쳐 11년 만에 돌아온 한국에서의 내 생활은 대부분의 시간을 집안에서 지내며 재미있는 한국 TV를 보는 것으로 지루함을 이겨내고 있었다. '미스터트롯'이라는 오디션 프로그램에 푹 빠져있던 그때였다.

그 때문이었다. 아니, 그 덕분이었다.
내 인생 최초의 연예인 팬카페 가입과 연예인 덕질의 시작은.

남편의 재취업과 인도 주재원 재발령으로 인도에 다시 가게 되었고, 3년 동안 이어졌던 내 생애 처음 경험한 가수 덕질도 끝이 나겠다고 생각했다.

직접 만나거나 연락하며 지내는 친구나 가족도 아니고, 어떻게 보면 허상일 수도 있는 연예인일 뿐인데, 한국을 떠나 살면 그 팬심도 자동으로 식거나 사라질 줄 알았다.

인도에 가면 한국보다 심심해서 이찬원 관련 영상들을 더 찾아볼 것 같다고 했지만, 마음 한편에서는 몸이 멀어지고 환경도 달라지니 팬심이 식는 것이 이상하지 않다고 생각했다.

하지만 내 예측은 틀렸다.

이사한 한국 집의 작은 정원이 염려되어 잠시 한국을 방문하기까지 8개월 동안, 나는 인도에서도 이찬원 덕질을 멈추지 않았다. 아니, 멈출 수가 없었다. 오히려 한국에서보다 더 찾아본 것 같다. 혼자 지내는 시간이 한국에서보다 많아지니 자연스레 그렇게 되었다.

이찬원의 다양한 방송 출연 모습과 팬들이 올려주는 행사장이나 콘서트에서의 모습은 유튜브로 항상 볼 수 있었다. 방송사별 유튜브 채널에서 빠르면 몇 분, 길어도 하루 뒤에는 주요 장면을 볼 수 있어서 내 덕질의 시간과 방법은 한국에서 살 때와 크게 다르지 않았다.

이찬원은 그야말로 인터넷만 되는 곳이면 어디서라도 볼

수 있기 때문에 어느 나라에서 사는지는 중요하지 않았다.

더군다나 연예인과 팬의 관계라는 것이 직접 만나거나 대화하는 사이가 아니기 때문에 멀리 떠났다고 해서 마음이 멀어지는 일은 없었다. 몸이 멀어진다고 마음이 멀어지는 세상은 더 이상 아니게 되었다.

인터넷 세상에서 물리적인 거리는 문제가 되지 않았다.

그렇게 인도에서 나의 이찬원 덕질은 식지도, 사라지지도 않았고, 오히려 더 깊어졌다. 재미로 올리는 인도 일상 쇼츠 영상의 모든 배경 음악이 이찬원 노래라면 더 설명이 필요할까?

사실, 한국 방문 일정도 정원 걱정과 함께 이찬원 콘서트 날짜에 맞춘 것이었음을 생각하면 내 덕질은 몸이 멀어졌다고 마음이 멀어지는 덕질은 아니었음이 분명하다.

다시 인도에 돌아가더라도, 밤새 비행기를 타고 먼 거리를 날아가더라도 마음은 멀어지지 않을 것이 분명하다. 인터넷이 그 마음을 굳게 지켜낼 것이 확실하다. 몸은 멀어지겠지만 내

핸드폰과 노트북은 늘 가까이 있기 때문이다.

몸이 멀어지면 마음도 멀어진다고? 인터넷 세상에서는 틀린 말이다. 연예인 덕질에는 해당되지 않는 말이다.

인터넷 하늘에 떠 있는 이찬원이라는 별은 한국에서나 인도에서나 같은 거리, 크기, 광도, 그리고 같은 온도이기 때문이다.

나는 이찬원의 팬, 찬스(Chan's)이다.

이찬원 덕질,
이제는 받아들이세요.

이찬원 좋아하는 게 뭐가 어때서.

"아직도 이찬원 좋아해?"

여전히 의외라는 듯이 물어보는 이들이 많다.

"이찬원 팬이야? 오랜만에 블로그에 들어왔다가 깜짝 놀랐어. 온통 이찬원 이야기뿐이네", "트로트 가수 팬이라고?", "네가 이럴 줄 몰랐어"라고 했던 3~4년 전의 그들이 지금도 변함없이, 꾸준히, 간단없이, 줄기차게, 부단하고 면면하게 내가 아직도 이찬원을 좋아하고 있는지에 대해서 물어본다.

그때도 그랬고, 지금도 같은 의미로 하는 질문임을 안다.

그렇다. 나는 4년 전에 이찬원의 팬이 되었고, 요즘도 이찬원을 좋아하며, 인도에서 지낼 때도 내 일상의 일부가 이찬원으로부터 비롯된다.

이찬원 콘서트는 기회가 닿는 대로 찾아가고, 이찬원이 출연하는 방송은 놓치지 않고 본다. 한국의 소식을 찾아보는 만큼 이찬원에 관한 뉴스를 챙겨보고, 두 딸의 일상만큼 이찬원의 행보에 관심이 많다.

좋고, 즐겁고, 행복한 쪽으로 몸과 마음이 향하는 것은 자연스러운 일이다. 그들이 골프나 필라테스, 뜨개질, 뮤지컬에 몸이 향하고 마음이 가는 것과 다르지 않은데, 왜 이찬원에게, 트로트 가수에게, 20대 연예인에게 향하는 나만 의외라는 듯한, 신기하다는 듯한 질문을 받아야 하는 것일까?

"요즘도 이찬원 좋아해?"
그들이 궁금해하는 질문의 행간을 알고있다.

"요즘도 필드에 꾸준히 나가?", "요즘도 필라테스 매일해?", "뜨개질 계속하지?", "최근에 무슨 뮤지컬 보러 갔어?"라고 묻는 내 물음에 숨은 뜻을 찾지는 않을 것이다.
그런데 "요즘도 이찬원 좋아해?"라는 말에는 다른 뜻이 포함되었다고 느껴진다. "내가 언제?"라고 하겠지만, 나는 그 질문에서 한쪽으로 치우친 편견을 느꼈다.

왜 배우나 발라드 가수, 스포츠 선수나 뮤지컬 배우 팬이라고 하면 공감하면서 트로트 가수를 좋아한다는 말에는 의아해하는 것인지, 왜 클래식이나 발라드, 락을 좋아한다고 하면 한마음이 되면서 트로트가 좋아졌다는 말에는 신기하다는 반응인지 궁금하다.

음악에, 취향에 우위는 없다. 쇼팽을 좋아할 수 있고, 김광석, 퀸을 좋아할 수 있듯이 이찬원을 좋아하는 것이다. 팝송, 발라드를 즐겨들었듯이 이제는 트로트를 듣는 것뿐이다.

이제 우리나라 대중음악의 대세는 트로트가 되었다. 대세라는 것은 많은 사람들이 좋아하고, 유행의 선봉에 있으며, 시장의 흐름이 그쪽으로 향한다는 의미다.
뽕짝이든, 트로트든, 전통 가요든 간에 나는 그 대세의 어느 한 귀퉁이에 함께 걸어가는 한 사람이다.

이찬원의 팬이 되었고, 이찬원이 부르는 진한 정통 트로트가 내 취향이 되었다. 어렸을 때는 몰랐던 인생의 깊이와 삶의 애환을, 너도 나와 다르지 않고, 나도 너와 같다는 것을 가사에 녹여놓은 트로트에 공감하게 되었고, 쿵짝쿵짝 쉽고 단순한 네 박자 비트에 몸이 절로 반응하게 되었다.

귀여운 것을 좋아하는 나는 이찬원의 귀여움을 특히 좋아한다. 이찬원의 성실함, 사람을 대하는, 특히, 어르신들을 대하는 태도를 좋아한다. 이찬원의 글솜씨와 말솜씨, 요리 실력과 야구 캐스터 실력, MC 능력을 좋아한다. 작사·작곡, 악기 연주 실력, 20대가 맞나 싶은 40대, 50대 아저씨 같은 여러 취향도 좋아한다. 가족을 애틋하게 여기는 마음, 한껏 웃을 때의 표정, 못 추는 춤, 누구 앞에서나 당당한 자신감을 좋아한다.

사람을 좋아하는 데는 여러 이유가 있겠지만, 연예인을 좋아하는 데는 더 많은 이유를 찾게 되는 것 같다.

상호 관계가 이뤄지는 것이 아니라 일방적인 관계이기 때문에 내 마음 가는 대로 좋아하고 팬이 되면 그만이다. 상대가 나를 알지 못하니 어떤 주접도 가능하고, 따로 만날 일이 없으니 밀당도 필요 없다. 솔직한 마음 그대로를 모두 표현해도 손해 보거나 창피할 일도 없다.

나는 이찬원의 팬이다. 4년째 20대 트로트 가수를 덕질 중이다. 트로트 가수 팬으로 시작한 내 덕질은 다른 재능 많은 이찬원 덕분에 노래 이외의 많은 것을 보고 즐기고 있다.

나는 이찬원의 팬, 찬스(Chan's)이다.

우리 집 3평 작은 정원을 가꾸며 얻는 많은 행복과 마찬가지로, 재능 많고 착한 트로트 가수 이찬원을 보면서 힐링하고 있다.

특별한 이유가 없는 한 나의 이찬원 덕질은 계속될 것이다. 그러니 이제 "아직도 이찬원 좋아해?"라는 질문 대신 "요즘 이찬원 TV에 많이 나오더라!" 정도로만 나의 이찬원 덕질에 관심을 가져주면 고맙겠다. 이찬원 팬이 되어 그를 덕질하는 내 일상이, 중년의 내 인생이 적어도 심심하지는 않겠구나 정도로 이해해 주면 좋겠다.

저의 이찬원 덕질, 이제는 받아들이세요!

나는 이찬원의 팬, 찬스(Chan's)이다.

❤ Chapter 2 ❤

이찬원,
무궁무진한 그의 매력

오. 내. 언. 사

이찬원 외 2명 작사·작곡

복사꽃 피어나는 달콤한 날에
사랑으로 다가온 당신
그댄 나에게 힘이 돼주고
아픔을 다 잊게 해줬죠

사랑을 잊고 살던 메마른 날에
행복으로 다가온 당신
기억할게요 당신의 사랑
가슴 깊이 간직할게요

힘들고 지쳐 쓰러지고 싶을 때
나의 손을 잡아주었고
슬프고 고단함에 맘이 힘들 때
나의 눈물 닦아주었죠

사랑스러워 사랑스러워
나를 보는 당신의 얼굴이
사랑스러워 사랑스러워
오내언사 영원한 내 사람

사랑을 잊고 살던 메마른 날에
행복으로 다가온 당신
기억할게요 당신의 사랑
가슴 깊이 간직할게요

힘들고 지쳐 쓰러지고 싶을 때
나의 손을 잡아주었고
슬프고 고단함에 맘이 힘들 때
나의 눈물 닦아주었죠

사랑스러워 사랑스러워
나를 보는 당신의 얼굴이
사랑스러워 사랑스러워
오내언사 영원한 내 사람

사랑스러워 사랑스러워
나를 보는 당신의 얼굴이
사랑스러워 사랑스러워
오내언사 영원한 내 사람

오내언사 영원한 내 사람

저자 노트

이찬원의 정규 앨범 수록곡으로 이찬원의
두 번째 팬송이다. '오내언사'는 '오늘도
내일도 언제나 사랑합니다'의 줄임말이다.
이찬원은 펜카페에 팬들에게 쓰는 편지의
끝을 항상 '오늘도 내일도 언제나 사랑합니
다'로 마무리하는데, 팬들이 이 말을 '오내
언사'라고 줄여 부르며 이찬원과 찬스만의
신조어가 되었다.

힘들고 지칠 때, 슬프고 맘이 힘들 때 손을
잡아주고 눈물을 닦아 준 팬들에게 이찬원
이 '오늘도 내일도 언제나 사랑한다'고 고
백하는 가사는 오히려 내가 이찬원에게 "힘
들 때 내 손을 잡아주고 눈물을 닦아줘서
고맙다"고 역으로 말하고 싶게 한다. 이찬
원을 사랑하는 팬들의 마음을 노랫말로 대
변해 준 고마운 노래다.

나는 착한 사람이 좋다.

착함이 이끈 강한 자력

착한 사람을 싫어할 이는 없겠지만, 나는 본능적으로 착한 사람에게 끌림의 자성이 강하게 작용하는 편이다. 착하고 순한 성격의 사람에게는 나도 모르게 마음의 장벽이 낮아진다.

반면, 차갑거나 이기적이거나 기가 센 사람을 대하는 것은 나에게 매우 힘든 일이다. 그런 성향의 사람이 나에게 호감을 표하면 겉으로는 티를 내지 않지만, 그와 함께하는 시간이 몹시 불편하고 부담스럽다.

알고 지내면 도움이 될 만한 사람일지라도 찬 기운이 느껴지거나, 상냥하고 예쁜 말을 많이 해도 계산적이라는 생각이 들면 마음의 문이 쉽게 열리지 않는다. 아무리 좋은 평을 받는다 해도 기가 너무 센 사람을 대하는 일은 예순을 바라보는 나이가 되었어도 나에겐 여전히 어려운 일이다.

이런 성향 덕분에 나는 따뜻한 사람, 착한 사람, 순한 사람이 좋다. 자연스럽게 그들에게 마음이 이끌린다. 내 호감의 장벽 역시 착하고 순한 사람에게는 크게 낮아지는 편이다.

우연한 기회에 TV에서 이찬원이라는 대학생을 보게 되었다.

한국 TV를 잘 못 보고 살던 십여 년의 해외 생활을 마치고 한국으로 돌아온 시기에, 트로트 가수 오디션 프로그램이 시작되었고, 나는 그 프로그램을 한 회도 빠짐없이 열심히 시청했다. 단순히 재미로 보던 어느 순간, 이찬원에게 눈길이 갔고, 그의 팬이 되어서 평생 해본 적 없는 연예인 덕질이라는 것을 시작하게 되었다.

그 덕질의 시작을 거슬러 올라가 보면 그곳에는 이찬원의 '착함'이 있다. 내가 본능적으로 착한 사람에 이끌린 대표적인 사례다. 가수 오디션 프로그램을 보면서 노래로 팬이 된 것이 아니라 수상소감을 듣고 마음이 움직였으니 더 말할 필요가 없지 않을까?

단지 착하다는 이유만으로 가수의 팬이 되었다고 하면 너무 말이 안 된다고 생각하겠지만, 어찌 되었든 내 팬심의 시작은 '착함'이었다.

착해서 시작된 호감은 그의 귀여운 외모, 개성 있는 목소리, 다양한 재능, 그리고 트로트를 향한 남다른 생각까지 더해져 나도 모르게 깊어졌다. 성실하게 살아온 학창 시절과 더불어 예의 바르고 사교적인 성격 역시 나를 사로잡기에 충분했다.

그렇지만 그가 아무리 많은 것을 갖추었더라도 착하지 않았다면, 나는 팬이 되지 않았을 것이다. 혹여 그가 착한 줄 알았는데 그렇지 않은 모습을 보였다면, 내 팬심은 빠르게 식었을 것이 분명하다.

이후 그는 대학생에서 점점 연예인으로 성장했지만, 내가 처음 호감을 느꼈던 '착함'은 변함없이 남아있었다. 그래서 연예인 이찬원, 가수 이찬원에 대한 나의 덕질은 여전히 이어지고 있다.

많은 팬이 이찬원을 좋아하는 이유는 그의 귀여운 외모와 재능, 그리고 무엇보다도 인성 때문이다. 방송에 비치는 모습이 실제 모습이라는 것을 그의 가수 데뷔 순간부터 지켜봐 온 팬들은 알고 있다. 부모, 친구, 선생님, 지인, 팬들에게 이찬원은 처음 모습 그대로 착한 아들이고, 친구이고, 제자이고, 동료이고, 연예인인 것을 알고 있다. 기획사의 이미지 메이킹에

의해 만들어진 연예인들과는 분명히 다르다는 것을 알고 있다.

물론 시간이 지나 연예계 생활이 길어지면 대중 앞에 드러나는 모습이 처음과는 조금 달라질 수도 있을 것이다. 그가 착함이라는 프레임에 갇혀 살아도 안 되겠지만, 그 천성은 변하지 않을 것 같다.

위험한 고속도로에서 어려움에 처한 가족을 도운 이찬원의 미담을 들었을 때 놀라지 않은 이유도 '그 아이라면 그럴 수 있지!'라는 생각이 자연스럽게 들었기 때문이다. 코로나로 어려워진 화훼 농가를 돕기 위해 콘서트를 찾은 팬들에게 꽃을 선물한 것도 이찬원답다고 생각했고, MC로 출연하는 프로그램 게스트의 어려운 사정을 듣고 도움을 줬다는 이야기도 모두 그다운 행동이라고 느껴졌다.

사람들이 '가수가 노래 잘하고 방송만 잘하면 되지, 웬 '착함 타령이냐'고 해도 어쩔 수 없다. 나에게 있어 인간에 대한 첫 끌림은 바로 '착함'이고, 그 마음이 흔들림 없이 유지되는 힘도 결국 '착함'이기 때문이다.

나는 착한 사람이 좋다.

이찬원은 착하다.

나는 이찬원을 좋아한다.

어린 이찬원의
미스터트롯 수상 소감

이찬원은 찐이다.

2022년 11월의 어느 날, 나는 지역 축제 사회를 맡았던 한 아나운서의 SNS에서 한 장의 사진을 보게 되었다. 그 사진은 내가 그에 대해 품었던 의문을 말끔히 해결해 주었다.

오디션 출신의 20대 젊은 신인 가수가 있다. 대학생에서 가수로 급부상한 그는 당시 첫 전국 투어 단독 콘서트 27회를 성공적으로 마쳤고, 그로 인해 증명된 티켓 파워로 '골든티켓 어워즈'에서 남자 가수상과 신인상을 수상했다. 뿐만 아니라, 첫 미니 앨범으로 '가온차트 어워즈'에서 신인상을 받았고, 첫 정규 앨범은 무려 57만 장 가까이 판매되며 역대 남자 솔로 가수 8위에 오르기도 하는 등, 신인 가수로서 대단한 출발을 보였다.

재능이 많은 그는 가수뿐만 아니라 다양한 방면에서 활약을 펼치고 있었다.

10년 넘게 방영된 '불후의 명곡'에 새롭게 투입된 후 재치 있는 스튜디오 MC로 자리 잡았으며, 신규 프로그램이었던 '톡파원 25시'에서는 귀여운 MC의 모습으로 활약했다. 요리 대결 프로그램 '편스토랑'에서는 여러 번 우승을 하며 그의 얼굴이 붙은 삼각김밥과 컵밥, 햄버거 등이 편의점에서 불티나게 팔려나갔고, 게스트로 출연했다가 MC로 발탁된 '옥탑방의 문제아들'에서는 막내로 완벽하게 자리 잡았다. 그는 2022년 연말 KBS 연예대상에서 우수상을 수상할 만큼 예능인으로서도 큰 성공을 거두고 있었다.

이 모든 이야기는 가수이자, MC로 활약 중인 이찬원의 이야기다. 제법 잘 나가는 인기 연예인이 된 이찬원의 이야기이다.

이찬원은 방송과 콘서트 외에도 지자체의 축제나 행사에 자주 초대된다. 대부분의 가수들은 정해진 노래 몇 곡을 부르고 무대에서 내려오기 마련이지만, 엔딩 무대에 주로 서는 이 어린 가수는 그렇게 하지 않는다. 그는 행사에 온 많은 지역 주민들에게 한 곡이라도 더 불러드리고 싶어 한다. 주최 측에 양해를 구한 뒤, 반주 없이 많게는 열 곡 이상을 더 부르기도 한다. 그가 부르는 무반주 노래들은 주로 그의 할머니 세대가 알 법한 옛 노래들로, 지역 어르신들을 배려한 것이었음을 알 수 있다.

이찬원의 직업은 가수이다. 그는 노래가 생계 수단이고, 노래 한 곡 한 곡이 그에게는 수익이 된다. 그의 몸값이 꽤 높을 것이 분명한데도 불구하고 추가로 부르는 곡은 공짜라는 이야기가 된다.

대개 사람은 어느 정도의 사회적 위치와 경제적 여유가 생기면, 더 이상 힘든 일을 굳이 하려고 애쓰지 않게 된다. '내가 누군데.'라는 생각이 앞설 수밖에 없다. 그러다 보면 자신의 현재 모습만 바라보며 폼 나고 편한 길을 선택하게 된다. 허식에 빠지기 쉬운 것이다. 특히 갑작스럽게 내 위상이 높아지거나 나이가 어릴수록 그런 경향은 더욱 강해지기 마련이다.

그 당시 이찬원은 겨우 20대 중반을 막 넘긴 나이였다. 갑자기 얻게 된 인기와 경제력에 취해, 겉멋에 휩싸일 수도 있었을 어린 나이였다. 그러나 그가 보여준 모습은 내가 처음 보았을 때의 그 순수하고 착한 모습 그대로였다.

데뷔 4년을 넘긴 지금도 이찬원은 여전히 변함이 없다.

그는 행사나 축제에 초대될 때마다 '내가 언제 TV에 나오는 잘나가는 연예인이야!'라는 듯이 여건만 되면 매번 관객들 가까이에 내려가서 그들과 함께한다.

뙤약볕이 내리쬐는 한여름에도, 갑자기 비가 와도, 땀을 뻘뻘 흘리며, 그 비를 다 맞으며, 관객들 사이를 돌아다닌다. 무반주로 예정에 없던 노래를 부르며 최선을 다한다. 그저 노래가 좋고 한 명의 팬, 한 명의 지역 어르신들에게 더 가까이 다가가고 싶어서 최선을 다하는 것이다.

나는 이찬원의 아줌마 팬이다. 나에게도 이찬원과 나이가 같은 딸이 있다. 내 딸이 더 편하고 근사한 일을 하기를 바라는 것처럼 이찬원도 그랬으면 좋겠고, 내 딸이 힘들게 살지 않게 되기를 바라듯이 이찬원 역시 마찬가지이기를 바란다.

그러나 이찬원은 매번 무대 아래로 내려가 관객들과 악수를 하고, 포옹을 하고, 땀을 흘리고, 비를 맞는다. 때로는 무례한 사람들 틈에 치이면서도 그는 이를 마다하지 않는다. 사실 그렇게까지 하지 않아도 아무도 그를 탓하지 않을 텐데, 저 아이는 왜 저렇게 자신을 힘들게 하는지 안타까울 때가 많았다.

그러던 어느 날, 한 장의 사진을 보게 되었다. 그 사진 하나로 모든 의문이 말끔히 해결되었다. 이찬원이 왜 그렇게 행동하는지 그의 진심이 무엇인지 단번에 알 수 있었다.

효자라고 소문이 난 착한 그 가수는 어른들에게 특히 예의 바르고 공손하다. 그날도 이찬원은 반주가 준비된 계약된 노래를 모두 부르고 나서 무대 아래로 내려갔다. 지역 어르신들 한 분 한 분 일일이 악수를 나누며 반주 없이 노래를 더 불렀다.

그리고 그때 찍힌 사진이 있었다. 그 사진에 이찬원의 모든 이야기가 담겨 있었다.

노래를 부르면서 무대 아래로 내려가, 객석에 앉아 있는 어느 할머니 앞을 지나던 이찬원의 자연스러운 행동이 사진에 찍혔는데, 그의 한껏 구부린 허리, 다정한 눈길, 그리고 표정에 그의 생각이 그대로 드러났다.

그 사진을 보며 나는 '아, 저런 아이였지! 저런 가수였지! 저런 청년이었지!'라고 깨달았다. 그제야 가수 이찬원, 사람 이찬원, 그리고 청년 이찬원의 진심을 다시 보게 된 것이다.

'위험하고, 힘들고, 돈을 더 받는 것도 아닌데 저 아이는 굳이 왜?'라는 나의 의문이 그 순간 모두 해결되었다.

사진 속 주름 가득한 할머니의 행복해 보이는 얼굴과 허리 굽혀 다정하게 마주한 사랑스러운 이찬원의 얼굴, 그리고 서로를 바라보는 두 사람의 눈빛이 말해주었다.

그 순간, 어른답지 못했던 나의 얕은 생각이 부끄러워졌다.

이찬원은 '찐'이었다.

정말 가수가 되고 싶었습니다.

활자에 보이는 그의 진심

3월 14일은 누구에겐 화이트데이로, 어떤 이에겐 파이 데이 또는 세계 수학의 날로 기념되는 날이다.

그러나 이날은 이찬원과 그의 팬, 찬스에게는 그보다 더 특별한 날이기도 하다.

2020년 3월 14일은 미스터트롯 최종 순위 발표가 있었던 날로, 이찬원이 3위에 호명되어 수상한 날이자, 평범한 대학생이었던 그가 정식으로 가수로서 데뷔한 날이기 때문이다.

2022년 3월 14일은 이찬원의 데뷔 2주년이었다. 공식 팬카페와 여러 찬스 커뮤니티, 그리고 찬스들의 SNS에는 저마다의 방식으로 이찬원의 가수 데뷔 2주년을 축하했고, 이찬원도 공식 팬카페에 유례없이 긴 편지글을 남기며 감사의 마음을 전했다.

편지글을 쭉 읽어 내려가던 내 눈은 어느 한 문장에 멈췄다.

"정말 가수가 되고 싶었습니다."

그 한 문장에 마음이 울컥했다. 무언가 가여움이 느껴졌다.

축하 이벤트 카페에 다녀와서 피곤한 탓도 있었고, 오랜만에 집에 들른 큰딸과 잠시 얼굴만 보고 헤어져서 허전한 탓도 있었으며, 유독 감성적인 봄날이었기 때문에 더욱 그랬을지도 모른다.

데뷔 2년 차의 이찬원은 이렇게까지 재능이 많은 아이였던가 싶을 정도로 콘서트, 방송, 행사 등으로 너무나 바쁜 나날을 보내며 자신이 꿈꾸었던 가수와 MC를 동시에 해내면서 연예인의 삶을 누리고 있었고 그 모습이 참 행복해 보였다.

이처럼 한창 꿈꾸었던 연예인의 삶을 바쁘게 살던 이찬원이 느닷없이 "정말 가수가 되고 싶었다"며 그동안 말하지 못했던 속마음을 털어놓았다.

줄곧 팬들 앞에서 부끄러워 어쩔 줄 몰라 하며 말도, 행동도 조심하고 편하게 다가오지 못했던 그가 이날만큼은 작정한 듯이, 자신의 진솔한 속마음을 글로 표현하고 있었다.

그 글은 가수가 될 수 있었고, 하고 싶었던 노래와 방송 일

을 마음껏 할 수 있는 것이 팬들 덕분이라는 생각에 고맙고 벅
찬 마음을 표현하고 싶었던 것 같았다. 그가 자신의 꿈을 이루
기까지 얼마나 많은 짐을 안고 있었는지를 보여주는 진심 어
린 고백이었다.

'감사합니다, 사랑합니다'라는 흔한 인사보다 '가수가 되고
싶었습니다'라는 말 속에 이찬원이 팬들에게 전하고 싶었던
진심이 모두 담겨 있는 듯했다.

"가수가 정말 되고 싶었는데 찬스 여러분 덕분에 가수가 될
수 있었다"고 방송에서도 여러 번 했던 말이었다.

때로는 눈으로 보이는 글자가 귀로 들리는 언어보다 더 깊
이 마음에 박힐 때가 있다. 이찬원의 이 글도 그랬다.
"가수가 되고 싶었습니다. 가수가 되고 싶었습니다…, 가수
가 되고 싶었습니다."
심벌즈의 잔음처럼 마음속에서 메아리가 울렸다. 그 뒤 글은
읽지 않아도, 그가 무슨 말을 하고 싶은지 온전히 이해되었다.
행간의 의미가 고스란히 전달된 것이다.

오디션 당시, 몇 안 되는 소속사 없는 출연자였기에 그가 겪었을 어려움을 팬들도 짐작하고 있었다. 그러나 우리가 생각하는 것 이상으로 이찬원은 외로웠던 것 같다. 그가 "100명 안에 들어서 첫 녹화만이라도 해 보는 것이 목표였다"고 말했을 정도였으니 말이다. 갖은 노력으로 첫 촬영의 기회를 얻었고, 첫 무대, '진또배기'로 시청자의 눈에 띄었고, 결국엔 국민 투표로 3위에 오른 이찬원이었다.

이찬원이 방송에서 간간이 들려주는 그 시절의 이야기를 들으면, 방송 관계자들의 안목이 어쩌면 시청자보다 못할 때도 있다는 생각이 들곤 한다. 결국 팬들의 지지 덕분에 이찬원은 가수로 데뷔할 수 있었고, 2년 만에 많은 성과를 이루며 가수이자 방송인으로 자리매김했다. 하지만 이찬원이 팬들에게 전하는 속마음의 글귀에는 지나 시간의 마음고생과 외로움이 고스란히 담겨 있었다.

본인의 재능과 노력으로 이뤄낸 꿈인데 이찬원은 자꾸 찬스 덕분이라고 말해준다. 사실 팬이 된 이유는 내 즐거움을 위해서였는데, 이찬원은 오히려 내가 큰 일을 했다고 이야기해 준다. 그는 의도하지 않았겠지만, 찬스의 자존감까지 높여주고 있다.

"엄마 덕분이야!"라는 말을 딸들에게서 들어본 적이 언제였던가 싶다. 그런데 이찬원은 자주 말해준다. "당신 덕분이었습니다."라고.

그토록 바라던 대로 가수가 된 이찬원의 노력이 고맙고, 그 과정에서 먼지 한 톨만큼의 작은 역할을 한 내 안목도 칭찬해주고 싶어진다.

편지글 속의 한 문장이 하릴없이 머릿속을 맴돈 날이었다. "정말 가수가 되고 싶었습니다."

어느 별에서 왔니?

20대 이찬원의 특별한 취향

"킬포가 뭐예요?"

2020년, 당시 스물다섯 청년이 팬들의 댓글을 읽으며 너무나 해맑은 표정으로 방송 제작진에게 던진 질문이다.

'쉰넷인 나도 아는 단어를, 해외에서 10년을 살다 온 내 딸도 아는 말을 모른다고? 참 신기한 아이네, 귀엽네.'라는 생각을 하며 영상을 보고 있었다.

그때가 그에 대한 나의 궁금증이 시작된 날이었다.
'이찬원, 너 어느 별에서 왔니?'

이찬원은 1996년생으로, 흔히 말하는 MZ세대다.
1996년, 1997년생인 내 두 딸과 또래다. 그래서 그들 세대만의 문화와 취향, 관심사도 어느 정도 알고 있다고 생각했다.
또래의 귀여움과 발랄함도 많은 이찬원이지만 내 딸들과 같은 10대를 살았고, 같은 20대를 살고 있는 것이 맞는지 의문이 들 때가 자주 있다.

노래 취향부터 그렇다.

아이돌이나 언더그라운드 밴드 노래를 좋아했던 큰딸과 발라드나 힙합을 주로 듣던 작은딸과는 달랐던 이찬원의 노래 취향이 신기하다. 어릴 때부터 트로트를 좋아해서 친구들과 노래방에 가도 혼자만 트로트를 불렀다고 한다. 초·중·고등학교를 거쳐, 대학생이 될 때까지 네 번이나 출전했던 전국노래자랑에서의 선곡도 모두 트로트였으며, 나도 모르는 1940, 1950년대 트로트까지 모두 알고 있어 의아했다. 그는 7080 포크송도 잘 알고, 팝송과 컨트리송도 부른다. 롯데 껌, 해태 부라보콘, 농심 새우깡 등의 CM송도 아무렇지 않게 흥얼거린다.

방송 취향 또한 독특하다.

초등학생 때 '별이 빛나는 밤에'를 들었다는 라디오 취향도, 어린 시절 '가요무대'와 '전국노래자랑'을 즐겨본 것도, 심지어 가요무대 오프닝 송을 부를 줄 아는 것도 놀랍다. 또한 '사랑과 전쟁' 재방송 채널 번호를 줄줄 외울 정도로 광팬인 것도, 고전 코미디를 모두 알고 있는 것도 너무 신기하다.

좋아하는 영화와 책도 상상 초월이다.

이찬원은 '나도 저렇게 나이가 들면 여한이 없겠다'라며 내 연배 정도는 되어야 할 수 있는 감상평과 함께, 감명 깊게 본 영화로 '님아 그 강을 건너지 마오'를 꼽았다. 또한 나조차도 책 제목이 가물가물한 백지연 아나운서가 쓴 '뜨거운 침묵'을 좋아하는 책이라고 말한 적이 있다.

글씨체도 요즘 아이들 같지가 않고, 글을 쓸 때 한자를 섞어 쓰는 습관과 어휘 선택이 신기하다. 또한 띄어쓰기와 문단 나누기까지 신경 쓰는 모습도 인상적이다.

그뿐만이 아니다. 요리하는 모습과 메뉴들에 입이 절로 벌어진다.

그의 칼질 실력과 뚝딱뚝딱 해내는 요리는 마치 살림 고수 50대 이상의 주부를 보는 듯하다. 집에 있는 식재료로도 당황하지 않고 손님을 대접하며, 직접 김치와 된장을 담그고, 나물을 말리고, 도토리묵을 쑤는 20대 청년이다.

20대 청년의 자취집 거실에 교자상이 펼쳐져 있고, 폐백 방석이 놓여있는 모습도 놀랍다. 할머니 스타일의 장바구니를 끌고 재래시장을 다니며 '남바 완', '돕바' 등의 할아버지들이나 사용할 단어를 자연스럽게 말하고, 남자도 화장하는 시대에 외모 가꾸는 일에는 별 관심이 없다. 로션도 잘 바르지 않는다고 하니 더더욱 신기하다.

심지어 좋아하는 음식이 '메기매운탕'인 것도 놀랍고, 좋아하는 아이스크림도 '비비빅'처럼 우리 세대 취향의 팥이 들어간 것들이란다.

그의 생김새는 오목조목 귀엽고 어려 보이지만, 말투나 제스처부터 여러 취향을 보면 도무지 내 딸과 같은 나이라는 것이 믿기지 않는다. 오히려 한두 세대 위의 부모나 조부모와 같은 시대 사람처럼 느껴진다. 가끔은 그가 나와 국민학교를 같이 다녔던 것이 아닐까 하는 의구심마저 든다.

개인 취향이나 관심사뿐만 아니라 생각과 태도까지 20대 같지 않은 이찬원이다.

명절에 가족뿐만 아니라 친척까지 모두 챙기는 모습과 친구 부모님께도 신경을 써주며, 선배들과 어른들을 대할 때 보여주는 몸에 밴 예의 바름은 남에게 피해만 안 주면 된다는 개인주의 성향의 흔한 MZ세대들과는 사뭇 다르다.

바뀐 나이로 현재 스물일곱 살의 이찬원이다.

내 두 딸과 비교해도 좀처럼 요즘 아이 같지가 않은 면이 많다. 알면 알수록 신기하기만 하다.

개성을 중요하게 생각하는 요즘 아이들 사이에서 이찬원의 개성은 독보적이고 유니크하다.

마치 또래들과는 다른 시대를 살았을 것만 같은 이찬원은 과거에서 시간여행을 온 사람이 아닐까 의심될 정도다. 주변의 MZ세대들과는 다른 취향과 생각을 가진 이찬원은 지구의 과거 모습을 한 아주 먼 별에서 온 외계인인 것만 같다.

"이찬원, 너! 어느 시대에서 왔니?"
"이찬원, 너! 어느 별에서 왔니?"

킬포가 뭐예요?

귀여움이 세상을 구한다는데

콩깍지의 위대함

누군가가 좋아지는 이유는 수만 가지이겠지만, 그 좋아하는 마음이 변하지 않는 이유도 수천 가지일 것이다. 내가 이찬원을 좋아하는 여러 이유 중의 하나는 단연 그의 '귀여움' 때문이고, 벌써 수년째 이찬원이라는 어린 트로트 가수의 팬으로 나를 붙들고 있는 큰 이유 중의 하나 역시 그의 '귀여움'이다.

본인은 안 귀여운데 사람들이 자꾸 귀엽다고 한다며 의아해하던 데뷔 초의 모습마저도 귀여웠다.

이찬원의 소소한 면까지 모두 보게 되는 팬의 눈에는 누구보다도 귀여운 그를 알기 때문에, 나이가 의심될 정도의 취향이나 말투, 제스처마저도 귀엽기만 하다.

착해 보여서, 노래를 잘해서, 재능이 많은 다양한 매력에 끌려서 팬이 되었고 덕질이란 것을 하고 있지만, 그 마음을 지속하게 만드는 가장 큰 이유는 바로 세상을 구한다는 이찬원의 '귀여움' 때문이다.

작고 앙다문 입과 처진 눈, 통통한 볼이 귀엽고, 웃을 때 한껏 드러나는 하얀 치아와 네모 모양의 입이 귀엽다. 미소 지을 때 예쁘게 올라가는 입꼬리가 귀엽고, 습관적으로 찡긋하는 코도 귀엽다.

조그마한 손으로 칼질을 너무 잘해서, 20대 남자가 김치와 된장을 담그고, 나물을 말리는 모습이 귀엽다. 나이에 안 어울리는 드라마, 영화, 책 취향도 귀엽다.

어릴 때부터 트로트만 부르고 트로트 가수가 되고 싶었다는 꿈이 귀엽고, 결국은 그 꿈을 이루어 낸 모습 또한 귀엽다.

무대 위에서 통통거리며 뛰어다니는 모습도 귀엽고, 땀을 뻘뻘 흘리며 노래하느라 머리카락이 땀에 젖은 모습도 귀엽고, 방긋방긋 웃으면서 팬들을 바라보는 눈빛도 귀엽다. 종알종알 에피소드를 친구나 엄마에게 하듯이 팬들에게 나누는 모습도 그렇게 귀여울 수가 없다. 눈물이 많은 것도 귀엽고, 팬들 앞에서 쑥스러워하는 모습도, 춤을 서툴게 추는 모습도 귀엽기만 하다.

콘서트 퇴근길에 뒤쪽 팬들에게도 인사하느라 방방 튀어오르는 행동도 귀엽고, 행사장에서 어르신 팬들을 유독 챙기는 그의 예쁜 마음 또한 너무 귀엽다.

저음의 굵은 목소리와 경상도 남자 특유의 제스처와는 대조적으로, 콧소리를 내며 'ㅇ'으로 말을 끝맺는 습관도 귀엽고, SNS 댓글이나 팬카페의 편지글 끝에 늘 붙이는 여러 개의 빨간 하트 이모티콘도 귀엽다. 도마도, 남바, 하드와 같이 할아버지들이나 사용할 법한 단어를 무심결에 말하는 20대이기에 더욱 귀엽다.

오디션 프로그램에서의 첫인상과는 다른 사교적인 성격과 리더십을 지닌 점도 귀엽기만 하고, 초·중·고 12년간 전교 회장을 맡았다는 사실도, 고등학생 때 사회 선생님을 좋아해서 3년 내내 사회 과목에서 전교 1등을 놓치지 않았다는 것도, 군대에서 특급 전사였다는 그의 과거 이력마저도 귀엽다.

전문가 못지않은 야구 중계 실력도, 엄마 같은 요리 실력도, 작은 손으로 연주하는 피아노, 기타, 드럼 실력도, 작사·작곡 실력도 귀엽다.

이찬원과 같은 나이의 딸을 둔 내 눈에 아들 같고, 딸의 남사친 같은 이찬원의 모든 것이 나는 귀엽다. 어린 팬들이 멋있다고 하는 그의 모습조차도 내 눈에는 그저 귀엽기만 하다.

이찬원의 엄마보다 네댓 살 많은 나는 그를 큰이모 정도의 마음으로 바라보게 되는 것 같다. 조카를 귀엽게 바라보는 이모의 마음, 딱 그것 같다. 착하고 재능 많고, 애교도 많은 그 조카는 늘 귀여움을 달고 다닌다. 가만히 있어도 오목조목 귀여운데, 귀여운 짓까지 하니 안 귀여울 수가 있나 말이지.

50대인 내 눈에 20대인 이찬원이 귀여운 건 당연하다고 하겠지만, 40대의 이찬원도, 50대의 이찬원도 틀림없이 귀여울 것만 같다. 70대, 80대가 되어있을 내 눈에 당연히 그럴 것 같다. 특별한 일이 생기지 않는다면 그때도 여전히 이찬원을 귀여워하며 팬으로 남아있을 것만 같다.

귀여운 사람을 좋아하는 나에게 이찬원이라는 어린 가수는 그야말로 딱 좋은 덕질 연예인이 아닐 수 없다. 그 귀여운 연예인이 착하고, 재능 많고, 유쾌하며, 예의 바르고, 열심히 살기까지 하니 말이다.

귀여움이 세상을 구한다는 말이 있다. 귀여운 매력의 외모, 행동, 말투, 재능, 태도까지 덕지덕지 온몸을 덮은 이찬원이라면 세상을 구하고도 남지 않을까? 일단, 수만 명의 '찬스'를 구한 것은 확실해 보인다.

초등학생 이찬원의
스타킹 출연 모음

❤ 113
이찬원, 무궁무진한 그의 매력

연예인이 밥 먹여 줘?

이찬원은 먹여 주더라.

나는 들어본 적 없고, 말해 본 적도 없지만 엄마들이 연예인 덕질에 너무 빠져있다 싶은 자녀에게 흔히 하는 말이 있다. "연예인이 밥 먹여 줘?"

물론 여기서 말하는 '밥'이라는 단어가 물리적인 그 '밥'만을 의미하지는 않는다는 것을 안다. '네 인생에 실질적인 도움을 주는 것이 있느냐'라는 의미일 것이다.

만으로 스물일곱 살인 큰딸은 초등학생 때부터 직장인이 되기 전까지 줄곧 연예인 덕질을 하던 아이였다. 슈퍼주니어, 샤이니, 페퍼톤스, 브라운아이드걸스, 세븐틴, 그리고 더보이즈. 많기도 했고, 마음도 자주 바뀌었다. 더보이즈를 끝으로 그녀의 연예인 덕질도 끝이 났다.

큰딸의 연예인 덕질이 재미있는 취미 생활로 보였던 나는 "연예인이 밥 먹여줘?"라는 말을 할 이유가 없던 엄마였고,

어릴 때부터 한 번도 특별히 좋아하는 연예인이 없었으니 "연예인이 밥 먹여 줘?"라는 말을 들을 일도 없는 딸이었다.

그랬던 내가 이 나이가 되어서 연예인 덕질을 하고 있다. 만약 지금 누군가가 나에게 "연예인이 밥 먹여 줘?"라고 묻는다면, 나는 당당히 대답할 수 있을 것 같다. "응, 이찬원은 먹여 줘!"라고.

이 밥도, 저 밥도 모두 먹여 주는 연예인이 바로 가수 이찬원이다. '이 밥'인 '내 인생의 도움'도 주고, '저 밥'인 '먹는 음식'도 준다.

남편은 퇴직했고, 두 딸은 독립했다. 그래서 전업주부인 나는 아내로서도, 엄마로서도 더 이상 할 일이 많지 않게 되어 무료한 날들이 많아졌다.
그런데 그런 나에게 즐거움을 주고 심심하지 않게 해 주는 연예인이 나타났다. 노래로 즐거움과 위안을, MC를 맡은 TV 프로그램을 통해 새로운 상식과 정보를 전해준다.
그건 바로 나에게 '이 밥'을 주는 가수 이찬원이다.

그런데 그 이찬원이 진짜 '밥'을 준다며, 백반집 앞에 줄을 서라고 했다.

'신상출시 편스토랑'이라는 프로그램에서 '찬또네 백반집'을 오픈한다며 밥 먹을 사람은 신청하라고 했다.

새해에 집에서 떡국과 잡채를 만들어 팬들에게 먹으라며 유튜브에 올려주던 그 아이가 편의점 모델을 하면서 자신의 아이디어로 만든 도시락 세트를 사 먹을 수 있게 하더니, 급기야 백반집을 차려서 실제로 팬들에게 밥을 먹여 주었다.

27살, 내 큰딸과 동갑인 청년의 한식 사랑과 한식 요리 솜씨는 프로그램에서 충분히 보았지만, 도토리묵을 쑤고, 겉절이를 담그고, 이색 양념으로 닭갈비를 재우고, 잡채를 만들고, 국을 끓이고, 삶은 계란 100개를 까서 100인분 음식을 만들었다는 얘기는 정말 놀라지 않을 수가 없었다.

그뿐만 아니라 요리도 혼자서, 플레이팅도 혼자서, 그리고 서빙까지도 모두 혼자서 해냈다니, 이게 정말 가능한 일인가 싶었다.

비록 나는 '찬또네 백반집' 테이블에 앉을 수 있는 행운을 잡지는 못했지만, 이찬원이 만든 음식을 모두 먹어 본 듯이 기분이 좋아졌다.

팬들에게 손수 만든 음식을 먹여주고 싶어 이찬원이 직접 의견을 내어 백반집을 열었다는 얘기를 들어서인지 먹지 않고도 배부르고, 먹지 못했지만 그 맛을 알 것 같았다.

'찬또네 백반' 테이블에 앉게 된 팬들이 그저 부러웠던 나는 이찬원이 '신상출시 편스토랑'에서 우승해 출시한 삼각김밥과 된장 술밥, 햄버거라도 먹자며 편의점 냉장고를 살폈다. 비록 '내돈내산'이지만 이찬원이 개발한 메뉴이니 이찬원이 먹여주는 것이라고 위안 삼으며.

"연예인이 밥 먹여 줘?"

"응, 이찬원은 직접 요리한 밥도 먹여 줘! 그 밥은 맛있기까지 해!"

역대급 역조공
찬또네 백반집

진또배기, 찬또배기,
찬또, 그리고 또

대명사 찬또배기

부모님이 지어줬을 '이찬원'이라는 이름이 있지만, '전국노래자랑'에 출연 당시 고(故) 송해 할아버지로부터 '원 없이 찬란하게 빛나겠단다'라는 좋은 뜻풀이를 받은 '찬원'이라는 이름이 있지만, 미스터트롯 첫 무대에서 부른 '진또배기'라는 노래 때문에, 그 덕분에 이름 대신 '찬또배기'라고 불리게 된 이찬원이다.

이찬원의 귀여운 외모에 시청자들의 눈이 쏠렸고, 진또배기라는 흥겨운 노래에 시청자들의 귀가 열렸었다.

귀여운 외모로 생소한 노래 '진또배기'를 살랑살랑 너무 신나게 잘 불러서 노래도 주목받고, 이름도 널리 알려졌다. 그리하여 '찬원'이라는 이름에 '진또배기'가 합쳐져 '찬또배기'가 된 것이다.

실제 이름보다 별명이 먼저 알려졌다는 사실은 이찬원의

오디션 첫 무대가 대단했다는 증거이기도 하다.

그렇게 강렬했던 진또배기 무대에서의 이찬원은 '찬또배기'가 되었고, 결국에 더 줄여져서 '찬또'라는 이름으로 불리게 되었다.

찬또, 입에 착착 붙는 참 귀엽고 예쁜 이름이다.

이후로 진또배기, 찬또배기, 찬또를 거치면서 어느새 이찬원과 관련된 모든 별명에는 '또'가 붙기 시작했다.

요리를 잘해서 '또리사', '또셰프', 야구 캐스터를 잘해서 '캐스또', MC 이찬원은 'MC또', 피아노 치는 '피아니스또', 드럼 치는 '또러머', 아는 것이 많아서 '찬또위키', 귀여워서 '또깅이' 등 다양하다.

그로부터 4년이 흘렀다.

이제는 본인의 이름을 걸고 전국을 다니며 콘서트를 여는 가수로 성장하였고, 체조경기장을 가득 채우는 콘서트와 KBS 단독쇼를 개최하는 가수가 되었고, 여러 방송 프로그램에서 MC로 자리 잡았고, 머지않아 30대가 될 이찬원이지만, 팬들에게는 여전히 이찬원은 귀여운 '찬또배기'이고, '찬또'이다.

이찬원, 무궁무진한 그의 매력

그의 첫 오디션 참가곡 '진또배기' 무대를 떠올리면, 그가 왜 이렇게 많은 사람들에게 사랑 받는지, 왜 여전히 '찬또'로 불리며 귀여움을 독차지하는지 자연스럽게 알 수 있을 것이다.

강렬했던 이찬원의 등장과 그가 부른 '진또배기' 덕분에 이찬원은 우리의 영원한 '찬또배기'이자, '찬또'가 되었다. 이 별명 덕분에, 별명을 참 잘 지어준 덕분에, 그리고 그 별명의 사랑스러운 어감 덕분에 이찬원은 평생 귀여울 수밖에 없는 운명이 되었다.

아저씨가 되어도 '찬또배기'이고 할아버지가 되어서도 '찬또'일 것이기 때문이다.

언젠가 이찬원이라는 본명으로만 불리게 될 날이 오더라도, 팬들의 마음속에는 찬또배기와 찬또라는 이름이 소중한 추억으로 남아 있을 것이다.

찬또배기라고 처음 불러준 누군가에게 새삼 참 감사한 마음이 든다. 그 덕분에 이찬원은 우리에게 영원히 귀여운 '찬또배기'로 남을 테니까.

미스터트롯 이찬원의
'진또배기'

 121

이찬원, 무궁무진한 그의 매력

찬스의 둘도 없는 효자
이찬원

얼굴 많이 보여주면 효자지.

'못난 자식이 효도한다'는 말이 있다. 그런데 잘나도 너무 잘난 아들이 효도까지 하고 있다.

팬들에게 잘난 아들이면서 효자 아들인 이찬원 얘기이다.

자식을 키워보니 그렇더라. 어릴 때는 건강하면 효자고, 성인이 되어서는 얼굴 자주 보여주는 자식이 최고더라. 그런데 만약 그 자식이 출세까지 했다면, 그야말로 더할 나위 없다.

출세한 잘난 아들 이찬원이 매일 찾아와서 얼굴을 보여주는데, 이보다 더 큰 효자가 있을까?

재능이 많아 가수, MC 등 다양한 영역에서 활약하는 이 효자 아들을 보는 방법은 여러 가지다.

해마다 전국 투어 콘서트를 하니 콘서트장에서 만날 수 있고, 그게 여의찮으면 지역 행사 무대에서 볼 수 있다. 그마저도 여건이 안 되면 거의 매일 나오는 TV에서 보면 되고, 시간이 안 맞으면 OTT나 유튜브에서 언제든 찾아볼 수 있다.

티켓 예매만 성공하면 콘서트장 한 자리를 차지하고 앉아 길게는 세 시간 넘게 이찬원의 라이브 노래, 악기 연주, 귀여운 춤, 재미있는 입담까지 보고 즐길 수 있다.

내가 사는 지역의 행사장을 찾아주는 덕분에 가까운 곳에서 쉽게 만날 수 있고, 직접 행사장을 찾아가지 못하더라도 유튜브에서 생중계 영상이나 잘 편집된 녹화 영상을 입맛대로 찾아보는 것도 가능하다.

특히 TV 출연이 많기 때문에 월요일부터 토요일까지, 여행, 경제, 심리, 인물, 요리, 음악 등 다양한 주제로 다채로운 프로그램에서 매일 이찬원을 볼 수 있다. 가끔 일요일 음악 프로그램에서도 그의 모습을 볼 수도 있다.

출연하는 프로그램이 많다 보니 파생되는 영상들도 너무 많아 손가락 하나로 손쉽게 이찬원의 과거 '전국노래자랑'이나 '스타킹'에서의 어린 시절 모습부터, 당장 하루 전 TV 출연 모습까지 쉽게 찾아볼 수 있다.

TV 광고에도 자주 얼굴을 비치고, 식당에서는 소주병이나 보쌈 접시를 든 그의 사진을, 백화점에서는 운동화를 든 등신 대를, 대형 쇼핑몰에서는 에스컬레이터를 타고 올라가며 세제 통을 들고 있는 모습을 우연히 마주칠 수 있다. 포털사이트에서 녹용을 검색하면 녹용 박스보다 더 크게 이찬원의 얼굴이 보이고, 병원이나 대형 쇼핑몰, 아파트 엘리베이터 모니터에서 곰돌이 인형을 들고 폐렴구균 백신 접종을 하라며 환하게 웃고 있는 그를 만날 수 있다.

가끔은 야구장 중계석에서 해설을 하는 모습으로, 프로야구 올스타전에서 애국가를 부르는 모습으로 나타나기도 한다.

보고 싶을 때 내가 찾아서 보는 것뿐만 아니라, 부지불식간에 얼굴을 마주할 수 있는 이찬원은 찬스에게 그야말로 더없는 효자가 틀림없다.

찬스에게는 잘난 효자 아들이 있다.
그 아들은 능력 있고, 귀엽고, 애교까지 많다. 그 아들은 매

일 얼굴을 보여주는 것으로 효도 한다. 찬스에게는 둘도 없는
효자 아들, 바로 이찬원이다.

이찬원과 사투리, 그리고 서울말

쉽지 않은 노력, 사투리 고치기

서울 생활을 처음 시작하는 경상도 출신이라면, 누구나 공감할 것이다. 서울말을 배우는 것이 마치 외국어를 습득하는 것만큼이나 어렵다는 사실을.

외국어는 힘들긴 해도 백지를 채워나가는 일이라 억양이 어색해지지 않지만, 서울말은 검정 크레파스를 두껍게 칠한 종이를 긁어내는 노력이 필요해서, 아무리 긁어내도 사투리 억양의 흔적까지 없애는 데는 한계가 있기 때문이다.

스물네 살, 나도 취업을 하면서 처음으로 서울살이를 시작했다. 형제가 많은 환경에서 자라서인지 대체로 있는 듯 없는 듯 잘 섞이는 편이었는데 서울에서는 달랐다. 말이 문제가 될 줄은 꿈에도 몰랐다.

서울 상경 초기에는 경상도 말은 촌스럽다고 느껴졌고, 그 촌스러운 말을 입 밖으로 꺼내는 일은 큰 용기가 필요했다. 높고 작고 가느다란 목소리의 서울 여자들 틈에서 내 입이 좀체

열리지 않았다. 직업 특성상 보고를 많이 해야 했는데, 그 사투리 스트레스 때문에 퇴사를 하는 동료가 생길 정도였다. 그만큼 경상도 사람에게 표준어는 큰 장벽이었다. 일이 힘든 것이 아니라, 말이 힘들었다.

미스터트롯 경연 당시 이찬원은 대구에서 막 상경한 20대 중반의 대학생이었다. 20년 넘게 대구에서만 살아온 것치고는 사투리 억양이 그다지 세지는 않다고 생각 했다. 서울말을 제법 잘 구사했다. 그러나 그의 말 속에는 여전히 검정 크레파스의 흔적이 군데군데 많이 남아있었다.

1년, 2년이 지나고 이찬원은 방송에서 MC를 맡을 정도로 말 잘하는 재능을 인정받기 시작했다. 어느 방송에 나와서 사투리를 고치려고 입에 연필이나 볼펜을 물고 연습 한다는 얘기를 한 지 1년이 지났을 즈음이었다.

가수가 되고자 상경한 20대 청년 이찬원은 이제 데뷔 5년 차가 되었다. 가수라는 본업뿐만 아니라 또 다른 노력으로 MC로도 큰 활약을 펼치고 있다. 그런 그를 보며 대구 출신이라는 점, 그리고 20대라는 점이 더욱 주목할 만하다고 생각한다.

단기간에 사투리를 고친 노력형이라는 점, 우리나라 MC계에서는 드물게 말 잘하는 20대 남자라는 점이 그러하다.

월요일부터 토요일까지 매일 TV에서 자연스러운 표준어를 구사하는 이찬원을 보며, 같은 경상도 출신인 나는 그의 노력을 더욱 높이 평가하게 된다. 서울에 산다고 해서 저절로 되는 일이 아님을 잘 알기 때문에 그의 성취에 박수를 보내고 싶다. 부모님의 반대 때문에 가수 대신 스포츠 캐스터에 도전하려고 연습을 많이 했다는 이야기를 들으니 더욱 그렇다.

경상도 출신이 사투리를 고친다는 것은 결코 쉬운 일이 아니다. 서울 사람들은 모르는, 타지역 사람들보다 더 힘든, 경상도 출신들만 아는 그 높은 장벽을 뛰어넘는 노력이 필요하다.

나는 예순을 바라보는 나이가 되었지만, 여전히 표준어 사용은 어렵다. 내 주변 많은 이들도 경상도 억양을 가지고 서울에서 살아간다. 서울 사람들 앞에서는 억양이 조금 약해지지만 여전히 경상도에서 자란 것이 확연히 드러난다.

이찬원을 보면서 깨달았다. 성인이 사투리를 고치는 일에는 노력이 필요하다는 사실을. 나는 그 노력을 하지 않았던 것이다.

해외에 산다고 해서 외국어를 유창하게 할 수 있는 것이 아니듯, 서울말도 노력이 필요하다. 젊은 시절의 나는 그 과정을 거치지 않았기 때문에 어려웠던 것이다.

살아보니, 세상에 노력 없이 되는 일은 없다는 것을 알게 되었다. 노력이 더해지지 않은 재능은 한계가 있다는 것도.

이찬원의 서울말 정복, 재능이든, 노력이든 나는 진심으로 박수를 보낸다. 여전히 서울말이 서툰 나는 그의 노력을 더욱 칭찬하고 싶다.

꿈을 꾸며 목표를 향해 노력한 이찬원의 지난 시간들, 현재의 성과들, 그리고 미래의 무한한 가능성을 팬으로서 진심으로 칭찬하고, 응원하고, 지지한다.

재능과 노력으로 팬들 앞에 선 가수 이찬원과 MC 이찬원, 그가 더없이 고맙고 소중하다.

구수한 말투의
이찬원

♥ **129**
이찬원, 무궁무진한 그의 매력

이찬원과 전국노래자랑

누군가의 추억과 누군가의 기회

일요일 낮이면 어느 집에서나 TV에서 울려 퍼지던 익숙한 소리가 있었다. "딩동 댕동 댕~ 전국~ 노래자랑~"

브라운관 TV 앞에 모여 앉아 출연자들의 개성 넘치는 모습이나 노래 실력을 평가하기도 하고, 인기상을 노리는 끼 많은 출연자 덕분에 깔깔대며 웃기도 하고, 지역 특산물 음식을 먹는 송해 아저씨를 부러워하며 시청하던 한국 최장수 프로그램인 전국노래자랑의 오프닝 사운드와 멘트다.

내가 중·고등학생이었을 때부터 보던 이 프로그램이 곧 예순을 바라보는 나이가 되도록 여전히 방송되고 있다는 사실이 놀랍기만 하다.

"일요일의 남자 송해 인사 올리겠습니다"라 말하는 그 목소리를 더 이상 들을 수 없게 되어 많은 사람들이 안타까워했지만, 새롭게 바뀐 사회자와 함께 전국노래자랑은 여전히 일요일 낮 우리들의 오락을 책임지며 굳건히 자리하고 있다.

이찬원, 내 인생의 찬스

TV 말고는 볼거리가 많지 않던 시절이었고, TV 채널도 두어 개뿐이었던 그때, 일요일 그 시간에 TV를 켜놓은 이들은 모두 전국노래자랑을 시청했다고 해도 과장이 아닐 것이다. 그래서 누구나 추억의 한편에 전국노래자랑이 자리하고 있을 것이 분명하다.

요즘은 볼거리가 넘쳐나서 가족들이 TV 앞에 모여 앉는 모습이 많이 사라졌지만, 여전히 일요일 낮, 변함없는 오프닝 사운드로 시작하는 전 국민의 노래자랑, 전국노래자랑은 지금도 많은 이들에게 추억을 만들어주고 있다.

이 프로그램의 출연자였거나 관객이었거나, 혹은 단지 시청자였던 사람들에게도 40여 년의 세월은 각자만의 이야기를 만들어내기에 충분하고 긴 시간임에는 틀림없다.
누군가에게는 어린 시절의 따뜻한 추억일 수도 있고, 누군가에게는 꿈을 이루게 해 준 과정이었을 수도 있다. 전국노래자랑의 정서와 기회는 여전히 현재진행형이다.

그런 전국노래자랑에 누구보다 특별한 인연을 가진 사람이 있다. 초등학교, 중학교, 고등학교, 대학까지, 무려 네 번이나 출연하며 이 프로그램과 함께 꿈을 키우고, 결국 가수의 꿈을 이룬 이찬원이 바로 그 주인공이다.

전국노래자랑을 이야기하면 당연히 송해 아저씨가 가장 먼저 떠오르지만, 이찬원의 팬들에게는 송해 아저씨 다음으로 이찬원이 떠오르는 프로그램이기도 하다. 지금도 볼 수 있는 전국노래자랑 속 어린 이찬원의 무대는 이찬원과 그의 팬들에게 귀한 영상자료로 남아 있다.

한동안 잊고 지내던 전국노래자랑을 우연히 다시 보게 되는 날이면, 발랄했던 어린 이찬원, 커다란 검은 뿔테 안경을 쓴 귀여운 고등학생 이찬원, 제대 후 살이 올라서 누군가 싶은 이찬원이 떠오르며, 꿈을 향해 부단히 노력했던 그의 과거가 생각이 난다.

출연자들의 무대를 더는 가볍게 볼 수 없는 이유가 되었다. 그들 중에는 그 시절의 이찬원이 있을 수 있다는 생각 때문이다. 가수의 꿈을 이루기 위한 간절한 무대일 수도 있겠다는, 이전에는 생각하지 못했던 시선으로 전국노래자랑을 시청하는 계기가 되었다.

이찬원이 전국노래자랑 초대 가수로 출연한 적이 있었다.

가수 데뷔 4년 차에 들어섰을 무렵이었다. 출연자였던 그가 초대 가수가 되어 무대에 섰으니, 그의 감회가 남달랐을 것이 분명했다.

요리를 좋아하는 이찬원이 그 지역의 특산물인 쌀로 약밥과 한과를 직접 만들어 출연자들에게 나눠주었다고 한다. 출연자들이 하던 지역 특산물 홍보를 초대 가수가 직접 한 것이다. 방송 녹화와 앨범 발매, 콘서트 준비로 바쁜 일정에도 불구하고 한과와 약밥을 직접 만들 생각을 한 이찬원의 전국노래자랑에 대한 애정을 엿볼 수 있었다.

어린 시절의 이찬원을 지켜본 작가, 심사위원, 악단장이 여전히 함께하는 자리에서, 이찬원이 약밥을 나눠주는 장면은 감동이었다. "초등학생 시절부터 봐온 이찬원 씨가 대스타가 돼 전국노래자랑에서 노래를 하는 자체로 정말 감동을 받았다"라고 소회를 하는 악단장님의 말이 뭉클하기도 하면서 돌아가신 송해 아저씨 생각이 많이 났다. 티격태격하던 두 분의 모습이 떠올랐고, 이찬원은 얼마나 더 송해 할아버지가 그리울까 싶었다.

"원 없이 찬란하게 빛나겠다"라며 초등학생 이찬원의 이름도 멋지게 해석해 주시고, "노래란 건 내 마음대로 부르는 게 1등이에요"라며 대학생 이찬원의 개성을 높이 평가해 주셨던 송해 할아버지였다.

이찬원이 초대 가수로 출연한다고 해서 오랜만에 챙겨 본 전국노래자랑은, MC만 바뀌었을 뿐 여전히 지역민들의 잔치 자리였다. 소파에 편하게 걸터앉아서 TV를 보는 내 마음은 무장해제 되었고, 브라운관 TV를 보며 옹기종기 일요일 점심 밥상 앞에 모여 앉은 아버지, 엄마, 형제, 그리고 어린 나의 모습이 떠올랐다.

시청자였기만 했고, 여전히 시청자이기만 한 나도 전국노래자랑에 대한 추억이 여물었는데, 네 차례나 출연한, 현재 인기 가수가 된 이찬원에게 전국노래자랑은 어떤 의미일지 짐작이 되고도 남는다.

이찬원의 SNS 아이디는 'mee_woon_sanae'다. 그가 대학생 때 전국노래자랑에서 최우수상을 받은 노래의 제목이다. 이찬원의 전국노래자랑에 대한 마음을 단적으로 보여주는 대목이다.

"딩동 댕동 댕~", "전국~ 노래자랑~ 일요일의 남자 이찬원 입니다."

가수로도, MC로도 커리어를 차곡차곡 쌓아가고 있는 이찬원의 목소리로 수십 년 후에 이 오프닝을 듣게 될지도 모를 일이다. 그때도 TV라는 매체가 존재하고, 전국노래자랑이 건재한다면 말이다.

전국노래자랑
이찬원의 성장 스토리

성덕이 된 야구 덕후 이찬원

준비된 노력이 성덕을 만들다.

트로트 오디션 당시 순둥순둥하고 귀여운 대학생이었던 이찬원 데뷔 이후의 행보는 전혀 상상할 수 없는 방향으로 펼쳐졌다. '저 아이가 그 아이가 맞나?'라는 생각이 들 정도로 의외의 모습들을 많이 보여줬다.

가정주부처럼 쉽게 요리를 해내는 모습, 예능 프로그램에서 능숙하게 MC를 보는 모습, 게스트로 출연해 프로그램의 재미를 한층 더 끌어올리는 모습 등은 우리가 미스터트롯에서 줄곧 봤던 그 이찬원과는 사뭇 달랐다.

지금은 익숙해져서 당연하게 여겨지지만, 처음에는 그 변화가 분명 놀라웠다.

그중에서도 가장 의외였던 모습을 꼽자면, 개인적으로는 야구 캐스터, '캐스또'의 등장이었다. 놀라움 그 자체였다. 재능 있는 신입 스포츠 아나운서라고 해도 믿을 정도였다.

이찬원이 프로야구 객원 해설자로 나선다는 소식을 접했을 때만 해도, 괜한 짓을 해서 야구 팬들에게 안 좋은 평판을 들을까봐 염려했지만 그런 우려는 완전히 기우였다. 발성, 발음, 야구 지식과 선수들에 대한 기본 정보, 그리고 순발력까지, 이찬원의 첫 중계석 등장은 그야말로 센세이션을 일으켰다.

그 이후로 이찬원은 야구 해설 능력을 인정받아 자선 야구 대회 해설자로 초대되었다.

대학 시절 자선 야구대회 봉사자로 참여했던 이찬원이 이제는 같은 대회에서 해설자가 된 것이다. 이찬원이 진정한 야구 덕후에서 성덕이 되는 순간이었다.

이찬원이 친구들과 프로 야구 경기를 보러 갔다가 중계 부스에 초대되어 갑작스레 중계를 맡게 된 적도 있었다. 그때 한 번 더 야구팬들 사이에 그의 캐스터 능력이 입증되었고, 이찬원이 중계석에 앉을 때마다 팀이 이기는 경기를 하게 되어 '승리 요정'으로까지 불리게 되었다.

프로야구 중계 참여와 자선 야구대회 해설자로 나섰던 이찬원은, 급기야 프로야구 올스타전에서 애국가를 제창하는 기회도 얻게 되었다.

이제는 자신이 좋아하던 야구 스타와 스스럼없이 어울리는 이찬원을 보면서, 지독한 야구팬으로 알려진 야구 덕후 이찬원이 성덕이 되는 모습을 보면서, 이찬원의 팬인 찬스들은 그저 흐뭇하기만 하다. 내가 좋아하는 연예인이 성덕이 되는 모습을 지켜보는 즐거움도 말로 다 할 수가 없다.

한때 스포츠 캐스터를 꿈꾸며 부단히 노력했다는 이야기도, 학창 시절부터 가수가 된 지금까지 모든 스포츠 중계를 여전히 챙겨본다는 이야기도, 노력형 인재다운 이찬원의 모습이어서 그의 노력에 박수를 보내게 된다.

이찬원은 그가 가진 재능과 노력으로 대중과 팬들에게 즐거움을 선사할 뿐만 아니라, 자기 자신도 성덕이 되는 기쁨을 누리고 있다. 트로트 가수 이찬원의 팬으로 시작한 찬스들은 그의 모든 의외의 행보가 그저 재미있고 즐겁기만 하다.

이찬원처럼 찬스들도 성덕이 되기를 꿈꾸며, 성덕이 된 이찬원을 부러워하며 즐거운 덕질을 이어가고 있다.

청춘들의 우정이 아름답다.

이찬원과 황윤성

예능 프로그램에 출연하는 이찬원이 유별나게 챙기는 친구가 있다. 남자들끼리 저렇게까지 할 일인가 싶은 모습을 보여줄 때가 많다.

같은 쥐띠 친구인 트로트 가수 황윤성이다.

프로그램 성격상 항상 이찬원이 일방적인 사랑을 베푸는 것처럼 보이지만, 팬들은 그 둘 사이의 우정이 어떤 배경에서 비롯되었는지 잘 알기 때문에 방송에 어떻게 비칠지라도 두 청춘의 우정이 흐뭇하고 예쁘다.

미스터트롯 출연 당시에 이찬원은 몇 안 되는, 기획사 소속이 아닌 일반인 출연자였다고 알려져 있다. 서울이라는 도시도 낯설었을 테고, 오디션의 중압감도 컸을 테고, 기획사의 케어를 받으며 이미 서로 알고 있는 출연자들 사이에서 혼자서 얼마나 외롭고 힘들었을지는 보지 않고도 충분히 공감이 된다.

아무도 먼저 말 걸어주는 사람이 없는 곳에서 나이가 같다는 이유로 먼저 말을 걸어주고, 예상했던 것보다 더 길어진 경연과 서울살이에, 갈 곳이 없었던 이찬원을 본인의 그룹 숙소에 데려다가 꽤 오랫동안 재워주기까지 했다고 하니, 이찬원의 입장에서는 더없이 고마운 친구였을 것 같다.

반찬을 만들어서 황윤성의 집 냉장고에 채워 넣고, 눈물을 뚝뚝 흘리며 편지를 쓰던 이찬원을 보면서 얼마나 고마운 친구이면 저렇게까지 할까 싶은 생각과 동시에 이찬원이 참 착하다고 느꼈다.

인간관계라는것이 일방적일 수는 없다.
화면에 보이는 모습은 늘 이찬원이 황윤성을 살뜰히 챙기고 황윤성은 받기만 하는 것처럼 보일 때가 많지만, 우리가 모르는 화면 밖의 두 사람의 관계가 있을 테고, 비록 평소에도 방송과 똑같은 모습일지라도 이찬원이 황윤성에게서 얻는 마음의 위로 같은 것이 분명히 있을 것이기 때문에 일방적인 우정은 아닐 것이 분명하다.

내 자녀와 친하고, 내 자녀가 좋아하는 친구는 엄마도 그 친구가 예쁠수밖에 없다. 그래서 이찬원이 좋아하고 의지하는 친구인 황윤성도 이유 없이 좋아졌다. 이찬원과 함께 더 잘 되기를 바라게 된다.

이찬원과 황윤성, 내 큰딸과도 같은 쥐띠인 두 청춘의 우정을 보면서 내 아들도, 내 아들 친구도 아닌데 괜히 기분이 좋아지고 응원하게 된다.

험한 연예계에서 서로 의지할 수 있는 친구가 되었다는 사실만으로도 엄마 팬의 마음은 안심이다.

'착해 빠졌다'
너무 심하게 착해서 못마땅할 때 쓰는 표현이다.
이찬원도 착하고, 황윤성도 착한데 둘이 같이 있으면 '어쩌면 저렇게 착해 빠졌을까?'라는 생각이 든다.

착한 두 청년의 우정이 세상 풍파에 흔들리거나, 깨지는 일 없이 언제까고 이어지기를 엄마 같은 마음으로 바라본다.

이찬원의 현재,
그의 과거가 만들다.

하루아침에 되는 것은 없다.

이찬원의 팬이 되고 나서 의도하지는 않았지만 그의 성장 과정을 알게 되었고, 그래서 그의 지난 시간들까지도 박수를 보내게 된다.

내 딸들 사진이나 영상만큼, 어쩌면 더 많이 이찬원의 어린 시절 모습을 보게 되었고, 그의 데뷔 전의 과거를 알게 되었고, 어떻게 성장했고, 어떤 학창 시절을 보내었는지 듣게 되었다.

연예인의 삶을 선택한 이상 어쩔 수 없는 노출이고, 그 노출이 본인은 불편할 수도 있겠지만, 현재의 이찬원을 이해하는데 그의 과거의 모습이 도움이 되는 것은 사실이다.

편하게 대학교를 다니다가 오디션에 나와서 갑자기 가수가 된, 운 좋은 청년이라고 쉽게 생각할 수도 있겠지만, 이찬원의 지난 20여 년 동안의 시간을 알고 나면 '갑자기'라는 단어가 적절치 않다는 것을 알게 된다.

타고난 끼와 재능도 귀하고, 꿈을 향해 부단히 노력하며 살아온 한 청년의 과거가 더없이 아름답다.

모르는 트로트 노래가 없을 정도로 많이 듣고 불렀을 그 시간들도, 사투리를 고치려고 볼펜을 물고 발음 연습에 매진했을 그 노력들도, 동생 밥을 차려주고, 부모님의 식당 일을 도우고, 음식점 아르바이트를 했던 이력들도, 스포츠 규칙을 공부하며 중계 영상을 수없이 봤을 모든 그의 과거가 현재의 성과로 결실을 맺게 되어서 너무 다행이다.

이찬원의 노력의 시간이 트로트 가수 이찬원, MC 이찬원, 그리고 스포츠 중계도 잘하고 요리도 잘하는 이찬원으로 우리 앞에 서게 된 것이다.

노력하지 않는 재능은 빛을 발하기 어려울 수 있다.
트로트 가수가 되고 싶어서, 스포츠 캐스터가 되려고, 부모님 일손을 도와야 하고, 용돈을 벌어야 해서 경험하게 된 이찬원의 과거가 현재의 성공에 밑거름이 된 것이 분명하다.

우리는 트로트 가수로 데뷔해서 각종 방송 프로그램의 MC를 하고, 야구 해설과 요리도 잘하는 이찬원이라는 보석을 만났다. 그 보석은 갑자기 만들어진 가공품이 아니라 본인의 노력으로 탄생한 진주이다.

'현재는 과거의 열쇠'라는 말이 있다. 이찬원을 보면 틀리지 않는 말 같다. 현재의 이찬원은 그의 과거가 만들었고, 갑자기 나타난 스타가 아니었다.

과거의 이찬원을 알게 되어서, 현재의 이찬원을 이해하게 되었고, 현재의 이찬원을 보면서 미래의 이찬원도 기대하게 된다.

세상에 하루아침에 되는 것은 없다.

이찬원, 완벽했던
프로야구 첫 데뷔 해설

두 마리 토끼를
제대로 잡다.

준비된 인재 이찬원

이찬원이 데뷔 초에 공공연하게 하던 이야기가 있다. 10년 안에 방송 3사 연예대상이 꿈이라고.

꿈은 원대하게 가져야 한다며 농담처럼 했던 이 말은, 사실 진지한 포부로 들렸다.

이제 막 데뷔한 오디션 출신 신인 트로트 가수의 꿈이 황당하다고 여겼다. 진또배기를 부르던 그의 순둥순둥한 모습에서 연예대상이라는 단어는 도무지 연결이 잘 되지가 않았기 때문이다.

그러나 4년이 지난 지금, 이찬원은 그간 KBS 연예대상 우수상과 최우수상을 두 해 연속 수상하며, 이러다가 10년 안에 방송 3사 연예대상의 꿈이 이뤄지는 것이 아닐까 기대를 품게 만들었다.

현재 이찬원은 다양한 방송사 예능 프로그램의 MC로 맹활약 중이다. 음악, 요리, 경제, 인물, 심리 등 분야도 다양하다. 특히 KBS 경제 예능 프로그램에서 메인 MC 자리를 꿰차기도 했다.

이찬원처럼, 20대에 많은 채널과 다양한 프로그램에서 끊이지 않고 MC를 맡는 경우는 유일해 보인다. 음악 시상식 MC도 거뜬히 해내며, MC로서의 기대주로 확실히 자리 잡고 있다. 앞으로 MC 이찬원의 성장할 내일이 더욱 기대되는 이유다.

이로써 이찬원은 MC라는 토끼를 제대로 한 마리 잡은 듯하다.

MC를 하는 이찬원을 TV에서 많이 보다 보니 노래는 안 하나 싶지만, 본업인 가수로의 성장도 충분히 눈이 부시다.

데뷔 이후 2개의 미니앨범과 1개의 정규앨범을 발매했고, 두 번의 자작곡 팬송으로 작사·작곡 실력을 입증하더니, 미니 2집 앨범은 4곡 전곡을 작사, 작곡, 프로듀싱까지 본인이 직접 했다고 밝혔다. 그 미니 2집 앨범은 60만 장 이상 판매가 되었고, 역대 솔로 11위를 차지하기도 했다.

또한, 공중파 음악방송 2관왕을 했고, KBS 뮤직뱅크에서는 17년 만의 트로트 1위라는 의미 있는 성과를 이루었다. 가온, 한터, 써클, 멜론 등에서 앨범과 음원 관련 수상도 이어졌고, 골든티켓어워즈에서는 콘서트 관련 수상도 차지했다.

이찬원은 4년 동안 4회의 전국투어 콘서트를 개최했고, 올해는 체조경기장을 가득 채우기도 했다. 시간만 허락된다면 지역 행사 무대에도 꾸준히 오르던 그가, 급기야 KBS 추석특집 단독쇼에 자신의 이름을 올리기에 이르렀다. 20대 트로트 가수로서 데뷔 5년 차에 이룬 빛나는 성과들이다.

이쯤 되면, 이찬원이 본업인 가수라는 커다란 토끼도 제대로 움켜잡은 듯하다.

재능, 노력, 그리고 성실함의 결과로 데뷔 5년 차에 접어든 이찬원은 MC와 가수라는 두 마리 토끼를 어느 한 손이 더 가볍지 않게 균형을 맞추어서 야무지게 잘 잡고 있다.
여전히 20대인 이찬원의 30대 이후가 더 기대되는 이유다.

가수 이찬원도, MC 이찬원도 더 크게 성장하리라 믿어 의심치 않는다.

이제 시작이다, 이찬원!

뮤직뱅크 1위

쇼! 음악중심 1위

KBS 연예대상
우수상

KBS 연예대상
최우수상

한류, 이찬원도 가능할까?

이찬원의 트로트와 외국인의 반응

K-POP 가수들의 해외팬들을 볼 때마다 신기하다는 생각을 많이 하게 된다. 아시아 속 작은 나라의 가수가 외국에 알려진 것도 그렇고, 발음하기도 어려운 한국 가수 이름을 모두 알고, 한국어 노래도 곧잘 따라 부르는 것도 그렇다. 큰 공연장을 가득 채운 이국적인 외모의 관객들을 보면 놀라움을 넘어 경이롭다는 생각이 들곤 한다.

내가 십수년 째 살고 있는, 발리우드 음악의 장벽이 꽤나 높았던 인도에도 최근에 K-POP 가수 팬들이 엄청 생겨나고 있다. BTS의 나라 한국에서 왔다는 이유만으로 내가 마치 연예인이나 되는 것처럼 대우를 받기도 한다.

내가 다니는 요가 학원의 직장인 아가씨, 동네 미용실의 어린 미용사, 그리고 쇼핑몰에서 우연히 알게 된 여대생들 모두 BTS의 열렬한 팬이다. 한국 사람인 나도 멤버 수가 몇 명인지조차 헷갈리는데, 그녀들은 그 멤버들의 이름까지 정확한 발음으로 줄줄 읊으며, 누가 군대를 갔는지, 언제 제대를 할 것인지도 모두 알고 있다. 휴대폰 사진첩에는 BTS 사진이 가득하다. BTS 외에도 나도 모르는 한국의 아이돌 그룹을 많이도 알고 있다.

그러다가 마담인 내가 좋아하는 한국 가수가 있는지 물어본다. BTS 지민도 좋아하고, 이찬원이라는 가수의 팬이라고 대답하면, 지민이라는 말에 난리가 난다. 이찬원이라는 이름은 들리지도 않는 모양이다.

그녀들의 흥분이 좀 가라앉았을 때쯤, 슬쩍 내 폰에 있는 이찬원 사진을 보여준다. 춤도 잘 추느냐는 질문에, 이 가수는 아이돌은 아니라고 대답하면 이내 흥미를 잃고, "귀엽네"라는 형식적인 반응 이외에 더 이상의 언급은 없다.

어린 소녀들이라 춤을 잘 추는 아이돌 그룹에만 관심이 있는 걸로 결론을 내리게 되고, 트로트 가수인 이찬원의 한류는 어려울 것 같다는 생각을 하게 된다.

방송, 콘서트 등으로 늘 바쁜 이찬원이지만, 지역 행사 무대에도 자주 오르는 그가 '제17회 안성 세계 소프트 테니스 대회' 개회식 축하공연 무대에 오른 어느 날이었다.

그날도 여러 가수들의 축하 공연이 끝나고 가장 마지막 무대에 오른 이찬원이 노래를 부르기 시작했다. 관객석에 앉은 세계 각국의 선수와 관계자들의 반응이 심상치 않았다.

처음 보는 가수일 것이고, 트로트라는 노래는 처음 듣는 장르일 텐데, 사진도 찍으며 움찔움찔 몸을 움직이더니, 여느 행사 때와 마찬가지로 트로트 메들리를 부르며 무대 아래로 내려온 이찬원을 보려고 외국 선수들이 목을 빼고, 같이 사진을 찍고, 악수도 하는 등 오히려 한국 관객들보다 더 적극적인 반응을 보여서 신기하고 재미있게 그 광경을 보고 있었다.

누군지 모르는 처음 보는 한국 가수가 부르는, 처음 들어보는 트로트에 외국인이 보인 반응은 적잖은 충격이었다. 트로트 노래와 이찬원이 외국인에게도 먹힌다는 사실이 놀라웠다.

신나는 트로트의 두 박자, 강한 리듬의 반복성과 단순성이 국적 불문 흥을 돋우었고, 노래를 쉬지 않고 부르면서 외국 선수들 사이를 오가며 특유의 팬서비스를 하는 이찬원에게 그들은 큰 관심과 호감을 보였다.

인도의 BTS 팬들의 반응을 보고, 트로트 가수 이찬원의 한류는 소원하겠구나 싶었는데, 이날 외국인들의 반응을 보면서 꼭 그렇지만은 않겠다는 생각이 들었다.

발리우드 음악에 익숙한 인도 사람들에게 신나는 트로트는 거부감 없이 받아들여질 음악일 수도 있겠고, 아이돌 같은 외모의 한국 가수 이찬원의 성량과 노래 실력도 통할지 모를 일이다.

K-POP에 장벽이 높았던 인도 사람이 좋아한다면 일찌감치 K-POP이 인기였던 다른 나라는 말할 것도 없지 않을까?

사실 '불후의 명곡 뉴욕 편' 때도 이찬원의 트로트 무대에 미국인들이 거부감 없이 즐기는 모습을 이미 본 적이 있다.

깊은 감성과 폭풍 성량으로 이찬원이 '수으등'을 부를 때는 모두 집중해서 노래를 감상했고, '진또배기'와 '트위스트고고'를 부를 때는 너무 신나서 함께 춤추며 즐긴 뉴요커들이었다.

트로트 가수라고 이찬원에게 지레짐작으로 한계를 둘 필요는 없을 것 같다. 내가 좋으면 너도 좋을 수 있는데, 트로트가 외국인에게 먹히지 않을 것이라는 생각은 선입견 같아 보이고, 충분히 어필될 이찬원만의 매력이 있기 때문이다.

이찬원의 성장을 누구보다 바라는 나는 언젠가 이찬원이 트로트를 부르며 해외 공연을 다니게 될 날을 꿈꿔본다.
꿈은 원대할수록 좋은 것이라니까.

이찬원에게 그런 기회가 오지 않는다 해도 10년, 20년, 30년 후까지 쭉 그의 콘서트에 갈 수 있고, 언제까지고 TV에서 그를 볼 수 있다면 그것만으로도 충분히 고마울 일이다.

이찬원,
미국에 떴다!

Chapter 3

이찬원 콘서트가
특별한 이유

당신을 믿어요

이찬원 작사·작곡

눈 내리는 봄날 꽃은 언제 피나요
앙상한 나무 위에
쓸쓸한 바람 소리만
시간이 흘러도 꽃은 보이질 않아
아직 찾지 못한 꽃송이

시간이 무심코 그렇게 흐르고
눈물과 한숨뿐이었죠
불안한 미래 확신 없는 나날들
그 세월의 연속이었죠

이젠 일어나세요 꽃을 피워보아요
당신의 그 길이 정답이 될 거예요
때론 이 험한 세상에
주저앉고 싶을지라도
일어나요 당신을 믿어요

비가 오면 유난히 쓸쓸해지곤 했죠
한 잎 두 잎 떨어지는
저 꽃들 바라보며
시간이 흐르면 꽃은 다시 피겠죠
그 희망을 안고 살았죠

시간이 무심코 그렇게 흐르고
눈물과 한숨뿐이었죠
불안한 미래 확신 없는 나날들
그 세월의 연속이었죠

이젠 일어나세요 꽃을 피워보아요
당신의 그 길이 정답이 될 거예요
때론 이 험한 세상에
주저앉고 싶을지라도
일어나요 당신을 믿어요

내가 사랑하는 당신이 가는
그 길이라면
나도 함께해요 당신을 믿어요

당신의 찬란한 인생을 믿어요

저자 노트

이 노래는 주변의 우려에도 자신의 결정을 믿으며 포기하지 않고 마침내 꿈을 이룬 이찬원 자신의 경험을 바탕으로 작사했다고 한다. 인생의 정답을 찾고 싶을 때 자신의 결정이 정답임을 믿고 용기를 내어 포기하지 말고 나아가라는 메시지가 담겨있다.

"이젠 일어나세요 꽃을 피워보아요
당신의 그 길이 정답이 될 거예요 …,
일어나요 당신을 믿어요"
이 노랫말은 듣는 이에게 한없이 용기를 준다. 인생을 이찬원보다 두 배를 더 산 나도 확신을 못 하는 '그 길이 정답이니 당신을 믿어라'는 메시지에 비록 곧 예순을 바라보는 나이가 되었지만 '나를 믿고 내 인생의 꽃을 한 번쯤 더 피워봐도 되겠구나'라는 용기를 얻는다. "나는 당신을 믿어요!"라고, "당신 자신을 믿으세요!"라고 어린 이찬원이 위로의 말을 건네는 것만 같다.

트로트의 매력에 빠지는 시간, 2시간 30분

찬스타임(2021), 민원만족(2022), 원데이(2023년)

전국 9개 도시에서 27회에 걸쳐 진행된 이찬원의 첫 단독 콘서트 '찬스타임'은 코로나 팬데믹이라는 악조건 속에서도 당당히 티켓파워를 입증하며, '골든 티켓 어워즈'에서 국내 콘서트 뮤지션상과 인기상을 수상했다. 이어서 선배 가수와 함께한 합동 콘서트 '민원만족' 역시 전국 9개 도시 28회 공연으로 '골든 티켓 어워즈' 후보에 올랐다.

이후 첫 정규 앨범을 발매한 이찬원은, 초동 판매량 57만 장을 기록하며 역대 솔로 가수 8위에 올랐고, 타이틀 곡으로는 음악 방송 1위를 차지했다. 이어서 2023 이찬원 전국 투어 콘서트 '원데이'가 시작되었다. 데뷔 3년 차를 막 지난 트로트 가수 이찬원의 세 번째 전국투어 콘서트였다. 서울 올림픽홀에서 3일 동안 12,000석을 시작으로 전국 7개 도시, 25회 공연을 성황리에 마쳤다.

TV에서는 주로 MC를 보거나 요리를 하는 모습이 많이 비춰져 '가수' 이찬원의 활동을 잘 모르는 사람들도 있겠지만, 이찬원은 가수로서도 여러 의미 있는 성과를 내며 맹활약 중이다.

현재 우리나라에서 대형 콘서트장을 돌며 매년 전국 투어 콘서트를 성황리에 해내는 가수가 얼마나 있을까? 방송 스케줄도 많은 이찬원은 본업인 가수로서도 그의 자리를 굳건히 지키고 있다.

나는 이찬원의 첫 콘서트 '찬스타임'부터 시간이 될 때마다 콘서트를 관람했고, 여전히 관람 중이다.

'콘서트를 한 번만 가면 되지, 봤던 공연을 뭐 하러 또 보냐'는 의문을 가질 수 있지만, 이찬원의 콘서트를 한 번만 관람한다는 것은 사실상 불가능에 가까운 일이다. '이찬원 콘서트는 안 본 사람은 있어도, 한 번 본 사람은 없다'는 말이 있을 정도다.

'트로트 가수 콘서트가 얼마나 재밌겠어? 팬들이야 당연히 재미있다고 하겠지?'라고 한다면, 이찬원의 콘서트를 잘 몰라서 하는 얘기이다.

다양한 공연들을 제법 다녀 본 나는, 팬 콩깍지를 벗기고도 이찬원의 콘서트가 단연코 재미있는 콘서트라고 자신 있게 말할 수 있다. 가수 경력이 길지 않고 트로트 가수로는 어린 편에 속하지만, 그의 공연은 대단히 입체적이다.

뮤지컬을 보듯 듯하다가, 귀여운 아이돌 가수를 보는 듯하다가, 감성 충만 발라드 가수를 보는 듯한 느낌도 들고, 7080 포크 가수의 공연을 보는 듯한 순간도 있다. 때로는 전문 MC를 초빙한 것 같다가도, 경력이 상당한 트로트 가수를 보는 듯하다. 가수는 한 명인데 여러 명이 함께하는 합동 콘서트를 관람한 것 같은 기분이 든다.

보통 50곡이 넘는 노래를 혼자서 부르는데, 때로는 2시간으로 예정된 공연이 3시간을 훌쩍 넘기기도 한다. 무대 위에서 모든 에너지를 쏟아내며 본인부터 즐기는 콘서트는 함께하는 관객들에게도 그 에너지가 고스란히 전해진다.

화려한 무대 장치의 효과도, 좋은 음향 시설 덕분도 아닌 오롯이 이찬원의 목소리와 무대 매너와, 그리고 그의 기획력이 2~3시간을 20~30분이 안 되는 짧은 시간으로 착각을 하게 만든다.

트로트 메들리를 수 십분간 쉼 없이 부르기도 하고, 피아노, 기타, 드럼 연주와 함께 부르는 노래에 관객들의 시선을 집중시키고, 트로트 가수지만 아이돌 춤을 추며 어린 나이의 귀여운 면을 마음껏 뽐내기도 한다.

그는 방송에서 MC로서 많은 활약을 하는 만큼 콘서트에서도 그 실력을 발휘하고 있다. 게스트 없이 혼자서 이끄는 무대가 더 재미있는 이유이기도 하다. 쉬지 않고 2~3시간 동안 노래를 불러도 그의 성대는 끄떡없다. 오히려 뒤로 갈수록 목소리가 더 단단해지는 듯하다. 앙코르가 1시간 넘게 이어질 때도 있지만, 그는 지칠 줄을 모른다. 오히려 관객들의 체력이 더 걱정될 정도이다.

무엇보다 그의 공연에서 진가가 나타나는 순간은 진한 정통 트로트를 부를 때다. 20대라는 것이 믿기지 않을 깊은 감성, 중저음의 굵은 음색, 지붕을 뚫을 듯한 성량은 감탄할 시간도 허락하지 않고 관객을 무대에 집중하게 만든다.

감동으로 눈물짓다가, 귀여운 모습에 어쩔 줄 몰라 하다가, 악기 연주에 감탄하다가, 신나는 노래에 같이 들썩이다가, 재미있는 얘기에 따라 웃다 보면 어느새 가수는 커튼 뒤로 사라진다.

팬층의 평균 나이가 가수 본인보다 월등히 높다 보니, 이찬원의 콘서트에서는 그에 대한 배려가 고스란히 담겨져있다. 노래를 부르면서 콘서트홀을 한 바퀴 돌며 관객들과 일일이 악수를 나누는 팬서비스는 관객과의 친밀감이 배가 되게 한다. 행사장에서 무반주로 노래를 부르며 어르신 팬들과 가까이서 소통하는 그 모습이 콘서트에서도 그대로 재현이 된다. 이찬원의 뛰어난 기획력이라 할 수 있다.

퇴근길에도 절대 차로 쌩 지나가는 법이 없다. 날씨가 덥거나 춥거나 앞으로 걸어 나와 양쪽 길에 늘어서서 기다리는 팬들에게 일일이 손을 흔들며 인사 하고, 눈 맞춤을 한다. 때로는 찬 바닥에 큰절도 마다하지 않는다. 그렇게 길게는 100m는 족히 걸어 나가며 팬들과 교감한다. 팬들은 공연의 아쉬움을 달래고, 가수는 감사의 마음을 전하는 퇴근길이 된다.

그러니 한번 본 공연을 또 보고 싶어 취소표 몇 장을 구해보려고 다음날 이른 아침부터 현장 판매 부스에 다시 줄을 서는 사람이 늘어난다.

'트로트 가수의 콘서트가, 아직 경력이 길지 않은 어린 트로트 가수의 콘서트가 얼마나 좋겠어?'라는 편견은 이찬원의 콘서트에서는 해당되지 않는다. 대부분의 곡 목록이 트로트지만, 그래서 더 유니크하다.

20대에 트로트를 이찬원만큼 사랑하는 가수를 본 적이 없다. 이찬원만큼 트로트를 잘 부르는 20대 가수도 본 적이 없다. 트로트에 전혀 관심 없던 내가 트로트만 듣고 사는 이유가 바로 이찬원이다. 그가 부른다면 트로트 선배들의 노래에도 집중이 되고 감동을 받게 되기 때문이다. 그의 첫 정규 앨범을 모두 트로트 곡으로 채운 것도, 그 노래들로 콘서트를 꾸리는 것도 '트로트 외길 인생' 이찬원의 정체성인 것 같아 매력적이다.

가수가 되고 싶어 트로트를 선택한 것이 아니라 트로트가 좋아 가수가 된 이찬원의 트로트 사랑과 실력이 콘서트에 그대로 녹아 있다. 그래서 그의 콘서트가 더욱 특별하다고 생각한다. 트로트의 매력을 알게 되는 좋은 콘서트라고 감히 말하고 싶다.

거기에 다양한 재능과 귀여움이 더해져, 그의 콘서트는 감동과 재미가 있는 매력적인 무대가 된다.

기회가 된다면 이찬원 콘서트에 꼭 한번 가보라고 추천하고 싶다. 그의 정통 트로트를 라이브로 꼭 들어보라고 말하고 싶다. 물론, 티켓을 구할 수 있다면 말이다.

이찬원,
올림픽체조경기장에 입성하다.

2024 찬가(燦歌)

'찬스타임(2021)', '민원만족(2022)', '원데이(2023)'에 이어서 2024 이찬원 콘서트 '찬가(燦歌)'가 진행 중이다. 데뷔 후 4년 동안 4번의 전국투어 콘서트를 하고 있는 것이다. 대단하다는 말밖에 나오지 않는다.

가수가 콘서트를 하는 것이 뭐가 대단하냐고 할 수도 있겠지만, 이찬원이 단순히 가수 활동만 하는 것도, 콘서트 무대만 서는 것도 아니기 때문이다. 일주일 동안 거의 매일 TV 화면에 비치고, 광고 모델로도 자주 보이며, 기업체 행사와 지방 행사 무대에도 늘 등장한다. 심지어 야구장 중계석에서도 가끔 얼굴을 보인다.

올림픽홀에서 하던 서울 콘서트를, 올해는 객석이 두 배 이상 많은 체조경기장으로 옮겼다. 그래서 이찬원의 콘서트가 더 대단하다는 것이다. 이틀 동안 체조경기장을 가득 채운 콘서트는 넓은 장소에 걸맞게 다양한 무대 장치로 인해 볼거리가 더욱 많아졌다. 그만큼 이찬원이 콘서트 준비에 쏟은 시간과 노력이 많았다는 얘기이기도 하다.

방송 촬영, 광고 촬영, 지역 행사만으로도 쉬는 날이 과연 있을까 싶은데, 콘서트 준비는 언제 이렇게 빈틈없이 하고 있었는지 의문이 드는 2024 이찬원 올림픽체조경기장 콘서트였다.

고소공포증이 있는 것으로 알려진 이찬원이 공중에 떠서 객석 위로 움직이는 무대, 바닥에서 올라오는 공중무대, 난간도 없는 하늘 계단 등에서 노래를 부르고 천장에 매달린 무대에서 피아노 연주를 하는 것을 보며, 그리고 팬들도 인정하는 몸치인 이찬원이 아이돌 댄스 실력이 더 는 것을 보며 그가 보낸 노력의 시간이 훤히 그려졌다.

팝송과 민요의 콜라보, 콰이어와의 협연, 귀여운 춤, 허리가 끊어질 듯이 쉬지 않고 토해내는 노래, 즉석 피아노 연주를 하며 불러주는 다양한 신청곡들, 무대에서 내려와 객석을 돌며 부르는 트로트 메들리, 그리고 끝날 것 같지 않던 앙코르에 이은 두 번째 앙코르까지, 3시간 30분 동안 쉬지 않고 노래를 불렀다. 알고 보니 그는 콘서트를 앞두고 체중을 5~6kg 감량했으며, 편도염까지 앓고 있었다고 한다.

입장료가 아깝지 않을 정도로 모든 걸 쏟아낸 체조경기장에서의 모습을 지방 콘서트에서는 못 볼 것 같다고 예상했지만, 안동이나 수원 같은 도시에서 외려 더 많은 에너지를 내뿜었다는 후기들이 올라왔다.

작년까지는 '찬스'들이 대부분이었던 이찬원 콘서트가 올해는 일반 관객들의 숫자가 눈에 띄게 많아졌다. 이찬원 콘서트의 명성이 점점 퍼져가고 있는 것이다.

이찬원 콘서트가 특별한 이유 중 하나는 트로트의 매력을 새롭게 알게 해준다는 점이다.

알고 있던 트로트는 이렇게 좋은 노래였나 싶고, 처음 듣는 트로트는 '이렇게 좋은 노래를 왜 이제야 알았을까'라는 생각을 하게 한다. 따라 부를 수 있는 빠른 템포의 트로트 곡만 모아서 메들리로 부를 때면 트로트 곡이 댄스곡보다 더 신난다는 것을 알게 되고, 발라드보다 더 짙은 정통 트로트의 깊이에 빠져들게 된다.

트로트 오디션 출신 20대 트로트 가수 이찬원 콘서트의 가장 큰 매력은 뭐니 뭐니 해도 트로트라는 장르의 재발견이다.

이찬원은 너무 부르기 힘든 노래만 선곡하는 것 같다며 걱정하는 어르신 팬들의 목소리가 여기저기 들릴 정도로, 말 그대로 혼신의 힘을 쏟으며 부르는 노래들이 많았다. 그 넓은 체조경기장이 이찬원의 목소리로만 가득 찬 듯했다.

체조경기장의 화려하고 특별한 무대장치 덕분에 이찬원의 서울 콘서트가 이전보다 더 훌륭하다 느껴졌고, 이찬원이 콘서트를 위해서 얼마나 노력했을지 훤히 보였지만, '콘서트가 이보다 좋을 수 있을까'라는 생각을 하게 만든 것은 결국 이찬원의 노래 실력 때문이었다.

콘서트가 끝나고도 한참 동안 끝나지 않던 여운은 바로 그것 때문이었다.

큰 공연장, 화려한 무대 장치, 귀여운 댄스, 피아노 연주 등어느 것 하나 소중하지 않은 것이 없었지만, 이찬원의 콘서트가 좋았던 이유는 다른 어떤 것보다 그의 노래 실력 때문이었다. 그래서 이찬원의 콘서트는 끝나고 나면 또 보고 싶어지는 콘서트가 되는 것 같다.

 **Chapter 4**

이찬원의 선물
(2024 KBS 추석특집쇼)

꽃다운 날

이찬원 외 2명 작사 · 이찬원 외 5명 작곡

꽃다운 내 젊은 날
조금씩 기울어 꺾일 때쯤
돌아보는 내 청춘
어여쁜 지난날
뒤에 가려있던 당신 미소

가장 예쁜 꽃다운 날
내게 다 바친
한 여자가 이제야 보이네요

곱고 희던 당신 두 손이
안겨 자던 포근한 품이
왜 이토록 그을리고
작아진 건가요
이제 내게 기대 쉬세요

행여 어린 마음 다칠까
지새웠던 당신의 밤
헤아릴 수 있을까

돌아보는 내 젊음
어렸던 지난날
뒤에 가려있던 당신의 삶

가장 예쁜 꽃다운 날
내게 다 바친
한 여자가 이제야 보이네요

곱고 희던 당신 두 손이
안겨 자던 포근한 품이
왜 이토록 그을리고
작아진 건가요
이제 내게 기대 쉬세요

곱고 희던 당신 두 손이
안겨 자던 포근한 품이
왜 이토록 그을리고
작아진 건가요
이제 내게 기대 쉬세요

이제 내게 기대 쉬세요

저자 노트

이찬원이 자신의 엄마를 생각하며 만든 노래
라고 한다.
자신의 청춘이 조금씩 지나간다고 느낄
즈음, 엄마의 꽃다웠던 청춘의 시간이 생각
나 이 곡을 만들었다고 한다.

이찬원의 엄마뿐만 아니라 모든 엄마 팬들
에게 전하는 노랫말 같아서, 이 노래를 들으
면 엄마의 삶을 산 내 지난 인생이 위로받는
것 같아서 가사 한 단어 한 단어에 감동과
고마움을 느끼게 된다.

'꽃다운 날'이라는 제목 자체에 이미 모
든 마음이 담긴 듯하다. 나의 꽃다운 날이
그립고 안타까워서 눈물을 글썽이게 된다.
이찬원의 다독임이 고맙다. 이찬원 미니
2집 노래 가운데 개인적으로 가장 좋아하는
곡이다.

데뷔 5년 차에 KBS 단독쇼, 이게 가능해?!

'이찬원의 선물'을 기다리며

요즘은 예전만큼 명절의 의미를 크게 생각하지는 않지만 그래도 여전히 가족, 친척들이 한 상에 모여 앉는 날이 되고는 한다.

그래서 설이나 추석 명절이 되면 방송국마다 가족 모두가 함께 시청할 수 있는 프로그램을 편성하곤 하는데, 그 대표적인 것이 가수 단독쇼이다.

명절 연휴 저녁 시간대에는 아무래도 어른들이 좋아하고, 온 가족이 둘러앉아서 보기에도 무난한 트로트 가수 특집쇼가 많이 편성되는 것 같다.

올해 추석에도 어김없이 KBS에서 단독쇼가 편성되었는데 그 주인공은 바로 '이찬원'이다.

명절 특집 KBS 단독쇼라면 어느 정도의 연륜 있는 가수가 나와야 하는 것이 아니냐고 하겠지만, 이찬원이라면 단독쇼의 주인공으로 낙점된 이유가 충분히 이해되고도 남는다.

젊은 트로트 가수가 대세인 점도 있겠지만 무엇보다 이찬원과 KBS의 서사적인 관계 때문일 것이다. KBS를 통해서 성장한 이찬원이 그곳에서 시청자에게 명절 선물을 한다는 연계성은 충분히 의미 있어 보인다.

이찬원은 KBS 장수 음악 프로그램인 '전국노래자랑'에 초등학교, 중학교, 고등학교, 대학교를 거쳐 총 4회를 출연했고, 출연 때마다 우수상(초), 인기상(중), 인기상(고), 최우수상(대학)을 수상한 이력이 있다. 이 같은 경우는 전무후무한 기록이다.

그런 이찬원이 이제 대한민국 국민이라면 누구나 아는 가수가 되었고, 최근에는 그의 두 번째 미니앨범 타이틀곡이자 자작곡인 '하늘 여행'으로 KBS 뮤직뱅크에서 '트로트 가수로 17년 만에 1위'라는 매우 의미 있는 기록을 세운 바가 있다.

그뿐인가! 이찬원은 KBS 여러 예능프로그램의 MC로도 종횡무진 중이다.

'불후의 명곡', '신상출시 편스토랑', '옥탑방의 문제아들', '하이엔드 소금쟁이' 등 다수의 KBS 예능 프로그램에서 MC를 맡았으며, '불후의 명곡'은 이찬원이 MC로 합류한 이후에 연이어 두 해 동안 KBS 최고의 프로그램으로 선정되기도 했다. '신상출시 편스토랑'에서 이찬원의 우승상품이었던 삼각 김밥 등은 편의점에서 유례없는 히트상품이 되기도 했고, 경제 예능 '하이엔드 소금쟁이'에서는 이찬원이 메인 MC로 자리매김하였다. 또한 KBS 연예대상에서는 최우수상, 우수상을 수상한 이력도 있다.

'1박 2일'에 게스트로 나갔을 때 최고 시청률을 찍은 바가 있고, KBS 드라마 '사랑과 전쟁'의 애청자라고 널리 알려져 있다.

그뿐만 아니라 이찬원은 KBS의 여러 음악방송에 가수로도 출연을 많이 한다.

뮤직뱅크, 열린 음악회, 불후의 명곡, 가요무대, 전국노래자랑에 꾸준히 출연하고 있는 이찬원이다.

초등학교 6학년 때부터 15년 이상 이어 온 KBS와 이찬원의 인연이야말로, KBS 추석특집쇼 '이찬원의 선물'이라는 타이틀에 너무 잘 어울리는 스토리다.

아직 20대인 어린 가수가, 오랜 경력의 국민가수도 아닌데 추석단독쇼를 한다고 거부감이 드는 시청자가 간혹 있을지도 모르겠지만, 이찬원이 KBS를 통해 시청자들에게 받은 사랑을 '단독쇼'라는 무대로 감사한 마음을 담아 '선물'하는 것이라고 이해하면 충분히 공감할 수 있는 서사라고 생각한다.

4년간 이찬원을 지켜본 팬으로서, 그리고 해마다 그의 콘서트를 여러 번 가 본 경험자로서 KBS 추석특집쇼 '이찬원의 선물'은 트로트 노래를 바탕으로 젊음이라는 무기를 통해 다양하고 참신한 무대를 선보일 것이라 믿어 의심치 않는다.

출연료를 더 좋은 무대를 위해 사용하고 싶어서 노 개런티 출연을 결정했다는 이야기를 들었을 때 이찬원이 단독쇼에 대해 얼마나 진심인지 느낄 수 있었다. '이찬원의 선물'을 기대해도 되는 충분한 이유이다.

올해 추석에는 어린 손주부터 할아버지, 할머니까지 모든 세대가 거실에 모여 신나고 감동적인 이찬원 콘서트를 관람하면 된다. 2시간 동안 세대 통합의 기회가 될 수도 있겠다.

아들 같고, 손자 같고, 조카, 삼촌, 오빠, 형 같은 이찬원의 단독쇼가 KBS를 통해서 방영될 추석 당일 저녁은 아마도 시청하는 모든 이의 입가엔 미소가, 눈가엔 즐거움이, 마음엔 감동이 찾아올 것이다.

수천 대 1의 경쟁을 뚫고 방청객으로 선정된 현장에 있는 사람들의 감동과 즐거움이 TV를 통해 시청자들에게도 고스란히 전달되기를 바란다.

데뷔 5년 차 가수 이찬원, 20대 트로트 가수 이찬원, 그의 성장이 흐뭇하고 감사하다.
단독쇼라는 이찬원이 준비한 선물이 너무나 기대된다.

이찬원이 선물한
종합 선물 세트

가수 이찬원의 30대가 기대된다.

이찬원의 피아노 연주 장면과 함께 2024 KBS 추석특집쇼 '이찬원의 선물' 방송이 시작되었다.

실제 콘서트처럼 쉬지 않고 쭉 이어서 촬영했고, 삭제된 편집분도 별로 없다는 125분의 방영 시간은 결코 짧지 않은 시간이었지만, '순식간'이라는 단어가 이럴 때 쓰는 말이라는 것을 경험하게 해 준 시간이었다.

앨범 발매, 콘서트, 방송, 행사, 광고 촬영 등으로 과연 이찬원이 쉬는 시간이나 있을까 싶었는데, 언제 이런 멋진 쇼를 준비했는지 방송을 보는 내내 그에게 경외감이 들 지경이었다.

이찬원은 혼자서 MC도 보며, 트로트, 발라드, 락, 팝송 등 여러 장르의 노래를 불렀고, 대선배 가수들, 국악관현악단, 댄스 크루, 콰이어, 아이돌 등과의 콜라보 무대에 이어 피아노,

❤ 179
이찬원의 선물(2024 KBS 추석특집쇼)

드럼, 댄스까지 다양한 분야의 무대를 선보였다.

선곡, 게스트, 무대 연출 모두 만족스러운 이찬원의 생애 첫 단독쇼였다.

마치 어린 시절 누구나 한 번쯤 받아 본 적 있고, 받고 싶었던 과자 종합 선물 세트를 열어 본 것 같은 '이찬원의 선물'이었다.

커다란 박스를 열면 수십 가지 과자가 가득한데 이것도 맛있고 저것도 맛있어서 하나씩 까먹다 보면 그 많던 과자가 순식간에 사라지고 마는 딱 그런 기분이 드는 단독쇼였다.

박스를 열었더니 자주 먹던 익숙한 과자가 보여서 반가웠고, 처음 보는 새로운 과자들이 많아서 더 좋았던 선물 세트 같았다.

아까워서 하나하나 음미하며 먹다 보니 어느새 과자는 하나만 남게 되었고, 아껴둔 마지막 과자까지 다 먹고도 아쉬워서 자꾸 과자 맛을 음미하게 되는 그런 선물 세트였다.

평범한 과자 선물 세트가 아닌 정성 들여서 준비하고, 만들고, 포장해서 내놓은 고급 선물 세트였다.

피아노 연주로 멋지게 문을 연 콘서트는 이찬원의 전국노래자랑 서사로 이어졌다.

초등학교, 중학교, 고등학교, 대학교에 걸쳐 네 번이나 KBS 전국노래자랑에 출연하며 모두 수상을 했던 이찬원이 당시에 불렀던 '너는 내 남자', '진또배기', '미운 사내'를 다시 선보였는데 그 모습이 그렇게 귀엽고 흥겨울 수가 없었다.

수도 없이 많이 본 영상 속의 안경 쓴 귀여운 초등학생 이찬원, 빨간 나비넥타이를 맨 예비 중학생 이찬원, 두꺼운 뿔테 안경의 고등학생 이찬원, 그리고 양복 입은 대학생 이찬원이 겹치면서 "참 잘 컸다"라고 하시던 고(故) 송해 할아버지의 말씀이 생각나는 무대였다.

기대감을 한껏 올려준 사랑스러운 로즈골드 색감의 선물 세트 상자를 열었더니 평소에 너무 좋아했던 익숙한 과자들이 맨 위에 놓여있어서 그렇게 반가울 수가 없었다.

이어서 의미 있는 가사를 지닌 자신의 노래 '그댈 만나러 갑니다'를 부르며 본격적인 콘서트의 시작을 알렸다.

라면땅 안에 들어있는 별사탕처럼 달콤한 가사와 생글생글 이찬원의 예쁜 미소로 기분 좋게 해주는 무대였다.

KBS 뮤직뱅크 1위 곡이자 이찬원이 직접 작사·작곡한 '하늘 여행'은 관현악단과 해금, 대금 소리 위에 그의 목소리가 얹혀져 너무나 고급스럽고 웅장한 무대가 되었다.

선물 세트 상자 안을 뒤적거리다가 고급진 버터 쿠키를 잡은 듯한 감동이었다.

베토벤의 '월광'으로 시작 한 이찬원의 피아노 연주는 정미조의 '개여울' 반주로 이어졌고, 대선배 가수와 '휘파람을 부세요'를 함께 부르는 모습이 우아하고 멋있었다.

고급 양갱을 아껴 먹듯이 집중해서 보게 되던 무대였다.

드럼을 치며 등장한 이찬원이 찢어진 청바지와 가죽 재킷을 입고 구창모와 '어쩌다 마주친 그대'를 함께 불렀을 땐 록 음악을 부르는 이찬원의 모습과 음색이 너무 잘 어울려 마치 바삭하고 고소한 비스킷을 먹으며 시원한 사이다를 들이켜는 기분이었다.

자주 볼 수 없었던 두 선배 가수와의 콜라보 무대는 획기적이었고 기대 이상이었다. 주 팬층의 나이를 고려한 좋은 무대였다.

이찬원이 빨간 셔츠와 청청 패션으로 시대별 명곡 트로트 메들리를 부른 무대는 그가 얼마나 트로트를 사랑하고 잘 부르는지, 관객들과 소통을 잘하는지를 보여 준 이찬원다운 무대였다. 관객 모두 따라 부를 수 있는 노래의 선곡은 콘서트를 더 흥겹게 만들었고, 오랫동안 사랑받는 새우깡이나 꼬깔콘 같은 과자를 먹는 것 같은 즐거움이 있었다.

녹화일을 따로 잡을 정도로 신경 쓴 '시절인연' 무대는 역대급이었다. KBS 국악 관현악단의 국악기 반주와 함께 한복을 입고 '시절인연'을 열창하는 이찬원의 무대는 화려한 조명과 어우러져서 감동 그 자체였다.

포장지가 조금 리뉴얼되어도 여전히 맛있어서 자꾸 손이 가는 과자와 같았다.

그리고 스트리트 댄스 크루 '마네퀸'의 등장으로 의외의 콜라보를 보여주었다.

평소에 이찬원이 가장 자신 없어 하는 분야가 댄스인데, 최고의 춤꾼들을 등장시켜 볼거리와 재미를 주는 무대를 만들었다. '써니', '널 그리며', '불티', 그리고 'Hot Stuff' 등의 노래와 함께 관객석을 돌면서 선보인 무대는 콘서트 분위기처럼 들썩거리게 만들었다.

과자 더미에서 발견한 쫀드기를 기름에 튀겨 먹었을 때의
따끈하고 쫄깃한 그 맛 같았다.

이찬원이 작사·작곡한 사랑 고백 노래, '명작'이 흘러나왔
을 땐 무대가 참 사랑스럽다는 느낌을 받았다. 와인바에 앉았
다가 댄서들과 함께 살랑살랑 춤도 추면서 뒷부분은 편곡된
버전으로 부르는데, 아껴가며 먹게 되는 달콤한 초콜릿 같은
느낌이었다.

그리고 누구도 예상하지 못했던 무대가 이어졌다. 대한민
국 최초 청각장애인 아이돌 그룹 '빅오션'과의 콜라보였다.

추석특집쇼 기획 단계에서 이찬원이 가장 먼저 한 얘기가
'빅오션'을 섭외해 달라는 것이었고, 그들이 가요계에 잘 자리
잡았으면 좋겠다고 말했다고 한다. 이찬원이 수어로 꽤 길게
빅오션을 소개하는 모습에서, 그가 수어를 익히기 위해 기울
인 노력의 시간이 보였다. 수어에서 이찬원 특유의 목소리가
들리는 듯했고, 감정이 느껴졌다.

아이돌처럼 단장하고 아이돌과 함께 무대를 하는 이찬원이
너무 예뻐서 마치 그 그룹의 멤버 같아 보였다. 귀엽게 웃으며

춤을 추는 무대인데도 불구하고 수어 안무 때문인지 어떤 무대보다 감동으로 다가왔다.

눈물이 나는 건 어쩔 수 없었다. 청각장애인 빅오션 멤버들이 보냈을 노력의 시간과 이찬원이 수어 안무를 익힌 시간, 그리고 그들과 함께하려 한 마음이 고스란히 느껴졌기 때문이다.

그동안 찬스는 이찬원의 데뷔일마다 꾸준히 청각장애인 후원단체에 기부를 해왔다. 그래서 이번 무대는 그 자체로 더 많은 이야기를 담고 있었다. 찬스의 기부금으로 인공와우 수술을 받은 어느 분의 딸이, 엄마가 처음으로 자신이 부르는 '엄마'라는 목소리를 듣게 되었다는 편지글을 팬카페에 올린 적이 있었는데, 찬스 모두가 감동과 감사의 눈물을 흘렸다. 무대를 보면서 그 순간이 문득 떠올랐다. 선물 세트 박스에서 특별한 과자를 발견했을 때 느껴지는 놀람과 감동이 그 무대에 담겨있었다.

이어서 이찬원의 노래 '풍등' 무대가 이어졌다. 들을수록 좋은 이 곡, 마치 이찬원이 본인에게 딱 맞는 멋진 슈트를 입은 것처럼, 부르는 이도 듣는 이도 편안하게 감상할 수 있는 좋은 노래였다.

좋은 우유와 버터를 아끼지 않고 듬뿍 넣은 고급 쿠키를 먹는 듯했다.

'하늘 여행', '시절인연', '명작', '풍등' 같은 이찬원 본인의 곡들이 내 귀에는 그 어떤 노래보다 좋고 잘 부르는 것 같아서, 많은 사람들에게 알려졌으면 좋겠다는 마음으로 방송을 보게 되었다.

내가 아끼는 맛있는 과자이지만, 그 맛을 친구들과도 나누고 싶은 마음과 같았다.

2024 KBS 추석특집쇼 '이찬원의 선물'의 마지막 무대는, 개인적으로 2024 이찬원 콘서트 '찬가'에서도 가장 감명 깊은 곡인 '날개'가 장식했다. 100명의 코러스가 내뿜는 에너지와 이찬원의 폭풍 성량, 그리고 무대 매너는 마지막 곡이 아니라 피크타임의 곡인 것만 같았다. 그래서 '이찬원의 선물'이 준 여운이 한참 동안 가시지 않은 이유가 되었다. 기획력이 돋보이는 무대 순서였다.

둥글고 납작한 큰 깡통 속에 가득 든 사탕을 모두 먹고 너무 아쉬워서 빈 깡통을 자꾸만 들여다보게 되는 딱 그 기분이었다.

TV를 보고 있던 나에게는 이찬원의 무대뿐만 아니라 객석에 앉아 있던 방청객들의 표정 또한 종합 선물 세트 같았다.

이찬원의 말대로 이찬원은 팬들에게, 팬들은 이찬원에게 서로 선물을 주고받는 시간이었다.

'귀여워죽겠다', '대견하다', '멋있다', '잘한다', '재미있다', '감동적이다', '사랑스럽다' 등을 표현하는 방청객들의 다양한 표정은 행복으로 화면을 가득 채웠다.

비록 방청석에 앉는 행운은 잡지 못한 나였지만, TV 화면 속 그들의 표정이 이찬원의 무대를 통해서 느끼는 즐거움만큼이나 행복한 시간을 만들어 주었다. 쇼가 끝남과 동시에 나도 그들과 함께 기립박수를 치고 있었다.

전국노래자랑에서 '너는 내 남자'를 부르던 귀여운 초등학생 이찬원이 '진또배기'를 부르며 가수로 데뷔하고, 올림픽체조경기장을 가득 채운 콘서트를 열고, KBS 추석특집쇼의 주인공이 되기까지, 이찬원의 16년을 고스란히 녹여 낸 125분이었다.

달콤한 초콜릿, 고소한 비스킷, 쫄깃한 쫀드기, 고급진 버터쿠키와 깡통에 가득 든 사탕까지 이찬원에게 받은 선물 상자는 열어보니 생각보다 더 다채롭고 맛있는 과자로 가득 채워져 있었다. 실속 있으면서 고급스러운 과자 종합 선물 세트는 팬들이 기대했던 이찬원의 모습 그대로였다.

그 선물을 더 받고 싶어서 재방, 삼방 TV 채널을 찾아가며 자꾸 보게 된다. 같은 선물을 여러 번 받아도 받을 때마다 새로운 재미와 감동이 있다.

추석 저녁에 이찬원에게 받은 선물은 큰 여운을 남겼고, 그보다 더한 기대감을 안겨주며 끝이 났다. 20대 트로트 가수 이찬원의 30대가 더욱 기대되는 특별한 단독쇼였다.

*원고 교정 작업을 이미 마친 상태에서, 출판사에 양해를 구하고 일주일을 더 기다려 방송을 본 후 추가한 글입니다.

이찬원의 선물

❤ 189
이찬원의 선물(2024 KBS 추석특집쇼)

❤ Chapter 5 ❤

우리는
찬스(Chan's)이다.

명작

이찬원 외 1명 작사 · 이찬원 외 4명 작곡

비가 오고 봄바람이 싸늘하네요
지나가는 내 기억도 흘러가네요
두 번 다시 오지 않을
우리의 봄날
이젠 스쳐 가고 있죠

살다 보면 언젠가는 마주칠까요
행복했던 추억으로 간직될까요
흠뻑 젖은 이 마음을 어찌할까요
나에게 답을 주세요

내 인생에 아무것도 무섭지 않던
단단한 사랑인 걸요
저 하늘에 빛이 나는 별들 아래서
다시 고백할게요

당신과 함께 있다면
내 인생은 주연일 거야
하루하루 명작을 써내려 가요
내 사랑 사랑 그대여

그대 떠난 새벽 날은 어둑하군요
지저귀는 새소리도 하나 없어요
떠나가는 그댈 알고 그런가 봐요
그대 어디로 갔나요

어두워진 밤하늘을 바라보면서
밤 구름에 가린 달이 그대 같군요
보이지 않는 저 달을 보고 있다면
나를 떠올려 주세요

내 인생에 아무것도 무섭지 않던
단단한 사랑인 걸요
저 하늘에 빛이 나는 별들 아래서
다시 고백할게요

당신과 함께 있다면
내 인생은 주연일 거야
하루하루 명작을 써내려 가요
내 사랑 사랑 그대여

우리 둘이서 끝내 명작을 써요
영원한 사랑 그대여

저자 노트

트로트 선배, 조항조의 '사랑병'을 듣고 영
감을 받아 만들었다는, 이찬원이 쓴 유일한
연인 간의 사랑 노래다.
타이틀 곡 선정에 '하늘 여행'과 '명작'을
두고 고민을 많이 했다고 하며, 명작은 그
의 아픈 손가락이라고 말한 적이 있다.

사랑 노래여서인지 미니 2집 전곡 중에
가장 먼저 귀에 들어왔던 노래다.
팬송은 달달하고 감미로우며 조심스럽기
만 한데, 오히려 남녀의 사랑 노래는 씩씩
하다. 떠난 연인에게 당당하게 다시 고백을
하지만 왜인지 혼자 하는 독백처럼 들린다.
결과가 뻔한 메아리 같다. 그래서 팬인
나에게는 사랑 노래 가사임에도 애처롭게
읽힌다.

이찬원의 팬덤 이름은 '찬스(Chan's)'

이찬원의 소유격 & 좋은 기회

우리나라 가요계가 팬덤의 힘으로 움직이고 있다는 것은 이제 공공연한 사실이다. 해외에서 국위선양을 하고 있는 유명 아이돌 그룹들 역시 제각각의 이름을 가진 팬덤 덕분에 활동을 이어가고 있으며, 팬덤 이름이 가수 이름만큼 유명세를 치르고 있는 곳이 있을 정도다.

이러한 아이돌 팬덤 문화가 중장년층 팬들의 비율이 확연히 높은 트로트 가수에게도 확산되고 있다. 팬덤 이름과 공식 색상, 응원봉 등의 공식 굿즈가 있고, 그런 문화를 처음 접한 중장년, 노년의 트로트 가수 팬들은 새로운 문화에 빠르게 적응하며 아이돌 팬덤에 못지않게 적극적으로 팬덤 문화를 받아들이고 즐기고 있는 듯 보인다.

가수 이찬원 역시 팬덤이 형성되었고, 마찬가지로 팬덤 이름이 생겼다.

이찬원의 팬덤 이름은 '찬스(Chan's)'이다.

2020년 8월 4일, 이찬원 공식 팬카페를 통해 팬들의 공모와 투표로 결정된 이름이다.

찬스(Chan's)를 팬덤명 후보에 올린 팬의 설명에 따르면, 중의적 의미를 가진 'Chan's'는 소유격의 의미로 이찬원의 것, 이찬원의 편, 이찬원의 팬이라는 뜻이 있고, 영어 단어 'Chance'와 발음이 같아서 이찬원과 팬이 만나 서로의 인생에 좋은 기회(Chance)가 되어주고 싶다는 의미를 담고 있다고 한다.

누군지 알 수는 없는 그 팬 덕분에 이찬원의 팬들은 의미 있고, 멋진 이름을 갖게 되었다.

이찬원도 찬스라는 이름이 마음에 드는지 팬덤명이 정해진 초기에 여러 매체에서 찬스를 언급하며 그 뜻풀이도 자주 이야기하곤 했다.

출연했던 여러 방송에서 찬스의 뜻을 설명했고, 개인 유튜브에서 오므라이스를 만들어 계란 위에 케첩으로 '찬스'라고 쓰기도 했다. 또한 '찬찬히 여러분들과 함께 걸어가겠습니다, 스릉 합니다.', '찬스 여러분과 스톱 없이 걸어가겠습니다.'라는 재치 있는 찬스 이행시를 짓기도 했고, 팬미팅에서는 '찬스'라는 팬덤명을 처음 들었을 때 너무 문학적이고, 서정적이며, 너무 좋았고 운명적이었으며, 획기적이고 반했다고 얘기하기도 했다. 화보 촬영 중 '나에게 팬이란?' 질문에 '나에게 Chance, 나의 여러분 Chan's'라고 손 글씨로 써놓기도 했다.

콘서트 무대에서는 끊임없이 박력 있게 찬스를 언급하고, 행사 무대에서는 수줍게 찬스에게 감사를 표한다.

이찬원과 찬스(Chan's)는 서로에게 분명 좋은 찬스(Chance, 기회)가 되었음을 부정할 수 없다.

이찬원이라는 이름이 유명해지는 속도를 따라서 찬스라는 이름도 널리 알려지고 있다. 이찬원의 이미지와 함께 찬스의 이미지도 상승 중이며, 최근에는 상업 영화에 찬스가 소재로 등장하는 일까지 생겼다.

'팬덤은 가수의 얼굴'이라는 말이 있다. 찬스는 이찬원의 얼굴이라는 말이다. 이름도 예쁜 찬스는 그 예쁜 이름 때문에

라도 이찬원의 얼굴에 누가 되지 않도록 노력해야 할 것만 같
다.

참 예쁜 이름이다. 의미도 좋고, 발음도 예쁘다.

찬스(Chan's).

오므라이스 위에 케첩으로
'찬스'라고 쓴 이찬원

 197

세대를 아우르는
로즈골드 팬덤 공화국 '찬스'

행복한 나라로 모이세요!

이찬원은 트로트 가수다. 같은 트로트 오디션 출신 가수 대부분이 다른 장르를 병행하고 있는 것과 달리, 이찬원은 꿋꿋이 트로트 곡으로만 채운 음반을 발매하며 '트로트 가수'라는 정체성을 굳건히 지키려는 것으로 보인다.

트로트라는 장르의 특성상 중장년층 이상 나이대의 팬들이 많은 것은 사실이다.

하지만 귀여운 외모와 20대의 젊은 나이 덕분인지 어린 팬들도 적지 않으며, 그 수는 점점 늘고 있다.

외모와 행동은 귀엽지만, 목소리는 중후하고 트로트를 주로 부르는 이찬원이기에 그의 팬층 연령대는 대체로 넓다. 유치원생, 초등학생은 물론 90세 이상 팬들도 있다.

90대 팬이 핑크색 응원봉을 들고 콘서트장을 찾는가 하면, 유치원생은 로즈골드 색으로 옷을 맞춰 입고 행사장에 나타나기도 한다. 유치원생도, 90대 어르신도 이찬원이라는 같은 스타를 바라보며 즐겁고 행복한 '찬스'의 나라에 살고 있는 것이다.

　이찬원을 좋아하는 사람들은 '찬스'라는 이름으로 온라인 팬카페에 모여 산다. 그곳은 마치 이찬원이라는 한 사람을 중심으로 모인 작은 공화국 같다.

　그 나라는 6만 명이 넘는 인구를 자랑하는데, 이찬원을 사랑하는 마음만 있으면 누구나 국민이 될 수 있다. 그러나 이 나라에도 규칙이 있다.

　이찬원 이외의 다른 이름을 언급하거나, 이찬원뿐만 아니라 다른 연예인을 비방하고 잘못된 정보를 강요해선 안 되며, 본인의 신분을 과도하게 노출하거나 이찬원의 이미지에 해가 되는 행동도 하면 안 된다. 만약 이와 같은 규칙을 어기게 된다면 강력한 법을 가지고 있는 이 나라에서 징계와 추방까지도 당할 수 있다.

　'찬스' 공화국의 국민이 되면 모두가 즐겁고 행복해진다. 공화국 국민들이 민주적으로 뽑은 국가 원수 덕분이다. 그 국가 원수 이찬원은 임기가 따로 없다. 장기 집권을 넘어선 종신

우리는 찬스(Chan's)이다.

집권이 가능하다. 그 국가 원수는 귀엽고, 착하고, 성실하며, 재능도 많지만, 무엇보다 국민들을 너무나 사랑한다.

이 소문이 퍼져서 찬스 공화국의 인구는 꾸준히 증가하고 있다. 현재 트로트라는 별의 여러 나라 중에서 인구수가 두세 번째 정도로 많은 큰 나라에 속하지만, 질서가 잡힌 건실한 나라로 소문이 자자하다.

찬스 공화국은 다른 트로트 나라들에 비해서 다소 늦게 형성되었다. 개국 초기에 어려움도 있었지만, 지금은 평화로운 찬스 공화국으로 자리를 잡은 상태이다.

이 나라 국민들은 평소에는 온라인 나라에서 조용히 지내다가, 이찬원이 나타난다는 소식만 들리면 전국 어디라도, 심지어 뉴욕까지도 달려간다. 그들은 로즈골드 색 옷을 맞춰 입고, 로즈골드 찬또 응원봉인 '로또봉'을 손에 든다. 이 육각형의 응원봉은 예쁜 색깔의 불빛으로 이찬원을 응원하기도 하지만, 이찬원을 지키고 말겠다는 듬직한 무기 같기도 하다.

로즈골드 색의 옷, 신발, 모자 등을 갖춰 입고, 응원봉을 든 채 단체로 모여있는 찬스는 마치 우리 가수 이찬원을 응원하고 지키는 군대처럼 보인다. 핑크 핑크한, 참 아름다운 군대다.

2020년 7월 10일에 개국한 찬스 공화국은 이제 5년 차에 접어들었고, 이찬원의 능력과 찬스의 사랑 덕분에 더욱 강력하고 평화로운 나라로 성장 중이다.

이 나라에는 유치원생 아이부터 90대 어르신까지 모두가 즐겁고 행복하게 살아가고 있다. 6만 명의 찬스 국민들은 항상 열심히 활동하는 이찬원 덕분에 늘 행복하기만 하다.

대부분의 국민들은 말한다. 이런 나라에 살아본 건 처음이라고. 잘 선택한 나라라고.

우리는 찬스(Chan's)이다.

찬스의 긍정적인 치맛바람

치맛바람이 필요 없을 날을 기대하며

내 행동 하나가 혹여나 자식에게 누가 되지는 않을지, 내가 어떻게 하면 자식에게 도움이 될지 고민하는 것이 부모의 마음, 엄마의 마음이리라.

지역 행사장에서 찬스를 볼 때면, 이들은 공연을 보러 온 관객인 동시에 자식 일터에 초대된 부모가 아닐까 하는 생각이 들 때가 있다. 콘서트와 달리 지역 행사에는 시간적으로 여유가 많은 중년, 노년 팬들이 주로 참여하기에 더 그렇게 보이는 것 같다.

이찬원이 무대에 오르는 행사 지역에 찬스들은 전국 각지에서 모여든다. 물론 이찬원을 보고 싶고, 이찬원 노래를 듣고 싶은 마음이 먼저겠지만, 이찬원을 섭외하면 행사 홍보도 되고, 자리도 채워지고, 지역 특산물 판매에도 도움이 된다는 인식을 해당 지자체에 심어주고 싶은 마음도 있기 때문으로 보인다.

마치 내 자식 가는데 부모가 간다는 마음 같아 보인다. 내 자식 잘 봐 달라는 치맛바람 같기도 하다.

실제로 행사 지역은 대형 버스 수십 대를 비롯하여 찬스들의 로즈골드 색으로 뒤덮인다. 지역 특산물이 동나는 경우도 많다고 한다.

행사장의 좋은 자리를 차지하고 싶어서, 어떤 이들은 새벽부터 가서 기다리기도 한다. 엔딩 무대에 서는 이찬원을 보려고 밤늦게까지 비가 오나, 눈이 오나, 여름의 무더위와 겨울의 찬바람에도 꿋꿋이 자리를 지킨다.

'찬스의 이미지는 곧 내 가수의 이미지'라는 생각으로 무명 가수를 비롯한 다른 가수들 무대에 호응을 해주는 것도 잊지 않고, 이찬원이 등장하면 그곳이 지역 축제 무대인지, 이찬원 콘서트 현장인지 분간이 안 될 정도의 분위기를 만들어버린다.

짧게는 10여 분, 길어도 30분 정도의 이찬원 무대를 보기 위해 찬스들은 이동 시간까지 포함해 12시간 이상을 투자하기도 한다. 이는 단순히 내 즐거움 하나만으로는 절대 불가능한 일이라고 생각한다. 사랑이 바탕이 아니면 할 수 없는 일인 것이다.

긴 시간 야외 의자에 앉아 있으면 피곤할 법도 한데, 행사가 끝나면 찬스들은 굳이 하지 않아도 되는 일까지 자처한다. 주변 쓰레기를 줍고, 의자 정리도 마다하지 않는다.

이런 작은 일들이 모여서 찬스의 평판도 좋아지고, 더불어 이찬원의 이미지도 좋아질 것이라 믿기 때문이다.

그 모습을 보자면 우리 딸들 초등학교 1학년 때, 급식 도우미로 가서 교실 청소까지 하던 엄마들 생각이 난다. 그 마음이 이 마음 같아 보였다.

이찬원의 가수 커리어를 위해 앨범 판매와 음원 스트리밍, SNS 영상의 조회수와 댓글에도 신경 쓰고, 시상식과 관련된 각종 투표에도 열심이다. 이찬원이 광고하는 제품을 소비해서 그가 더 많은 광고모델이 되기를 바라는 마음부터 이찬원이 출연하는 예능 프로그램의 시청률을 신경 쓰는 마음, 그리고 외적으로 보이는 이찬원의 이미지와 내적인 실속까지 챙기려는 마음 모두 같은 맥락에서 우러나왔을 것이다.

어찌 보면 치맛바람도 이런 치맛바람이 있을까 싶다. 내 자식에게도 하지 못했던 강력한 치맛바람이다.

연예인에게 관심이 없는 사람들에게는 이러한 모습이 과하게 보일지도 모른다. 하지만 찬스의 이런 모습을 다른 취미를 가진 사람과 빗대어 본다면 충분히 이해 될 것이다.

골프, 배드민턴, 낚시, 캠핑, 그림, 악기 등 다른 취미에 쏟는 시간과, 정성, 그리고 금전적인 투자를 생각해 보면 결코 다르지 않은 취미 활동인 셈이다.

취미 활동이 별 건가? 성취감이 있고 즐거우면 될 것 아닌가?

찬스는 이찬원을 통해서 성취감과 즐거움을 얻고 있다. 그래서 이찬원에게 쏟는 그들의 치맛바람은 긍정적일 수밖에 없다. 그 자체로 즐겁고 행복한 치맛바람인 것이다.

언젠가 찬스의 치맛바람이 더 이상 필요 없는 날이 올 것이다. 대중들의 슈퍼스타가 된 이찬원을 그저 흐뭇하게 여유를 가지고 바라보기만 하면 되는 날이 머지않았다고 생각한다. 이미 그 대세의 기운이 발 아래부터 서서히 차오르는 느낌을 받는다.

    그날을 기대하며, 오늘도 6만 찬스는 긍정적인 치맛바람을 일으킬 준비 중이다.

찬스의 품격, 어른의 지혜

나이는 숫자에 불과하지만은 않았다.

오디션 출신 젊은 트로트 가수들에게도 아이돌 가수 못지 않은 팬덤 문화가 생겼다. 장르의 특성상 주로 중장년층과, 노년층 팬들이 많다 보니 팬덤 문화라는 것이 그들에게는 생소하지만, 재미있는 경험이 되고 있다.

이찬원에게도 그를 좋아하고 열심히 응원하는 팬덤이 물론 있다. 로즈골드 색으로 '나는 이찬원의 팬'임을 자랑스럽게 드러내고 싶어 하는 찬스는 이찬원이 등장하는 곳이라면 어디든 따라간다. 내 가수가 보고 싶고, 라이브 노래를 듣고 싶은 마음과 더불어, 로즈골드 색으로 이찬원의 인기를 대중들에게 알리고 싶어 한다.

그런데 그 로즈골드 색 때문에 팬들 사이에 고민이 생긴 적이 있었다.

2022 K리그 개막전에 이찬원이 축하 공연 가수로 초대된 때였다. 방송이나 콘서트, 지역 행사 등 가수 팬들이 모이는

곳에서만 이찬원을 응원했던 팬들이 축구 팬들만 있는 축구장은 처음이었기 때문이다.

2022년 2월, 이찬원이 트로트 오디션에서 3위를 차지하고 가수로 데뷔한 지 3년 차에 접어들 시기였다. 첫 전국 투어 단독 콘서트를 막 끝낸 즈음이었고, 지역 행사, 광고, 공중파 MC 등 다양한 활동을 막 시작하던 때였다.

팬덤의 크기와 팬들의 동원력이 가수의 방송, 광고, 행사 섭외에 유리하게 작용하지 않을까 해서 팬덤 동원력에 많은 신경을 쓰던 즈음이었다.

그 무렵에 야구도 아닌 축구 개막식에 축하 공연 가수로 초대되었다는 소식을 접한 찬스들은 너무 반가우면서도 처음 경험하는 일이라 우왕좌왕 여러 의견을 내놓기 시작했다.

그 자리에 가도 될까, 안될까부터 로즈골드 옷을 입어도 될까, 홈팀 색깔인 하늘색으로 통일해야 하지 않을까, 그것도 아니면 평상복 차림이 좋을까라며 팬카페에서 설왕설래하며 여러 의견들로 북적였다.

지금은 한때의 에피소드로 남았지만, 당시에는 꽤 오래, 심각하게 의견을 나누었던 기억이 있다. 어떤 차림으로 가든 개인의 자유겠지만, 찬스의 잘못된 행동으로 이찬원에게 피해가 가면 안 된다는 생각뿐이었다. 승패가 달린 스포츠 팬들 사이에서 팀 색깔은 매우 민감한 문제라고 들었기 때문이었다.

그렇게 2022 K리그 개막식이 시작되었다. 혹시 자신의 고집으로 상대편 색깔인 빨간색 계열의 로즈골드를 입은 찬스가 많으면 어쩌나 하는 그 자리에 못 간 찬스들의 염려는 기우에 불과했다.

전반전까지 찬스들은 시치미를 뚝 떼고 평상복이나 하늘색 옷을 입은 채로 홈팀을 응원하며 경기를 지켜보았다. 그러다 이찬원이 소개되자마자 일제히 로즈골드 옷으로 갈아입고 이찬원 응원 슬로건을 꺼내 들었다. 순식간에 축구장을 콘서트장으로 만들었다. 이찬원의 공연이 끝나자, 로즈골드는 순식간에 다시 사라졌고, 찬스들은 자연스럽게 하늘색 옷으로 돌아갔다.

그날은 유난히 춥고 바람도 많이 불었던 2월이었다. 그럼에도 겨우 10여 분의 이찬원 축하 무대를 보기 위해 꽤 많은 찬

우리는 찬스(Chan's)이다.

스들이 축구장 좌석을 지켰고, 축하 무대가 끝나고도 끝까지 축구 관람을 하며 남아있었다고 한다.

이러한 이찬원 팬덤의 행동은 축구 팬들 사이에서 화제가 되었다. 축구 관련 커뮤니티에서는 중년 찬스들에 대한 칭찬 글이 줄줄이 올라왔고, 덕분에 이찬원 이미지도 더 좋아졌다는 이야기가 전해졌다.

축구 팬들에게 예의를 지키며, 내 가수 응원도 하는 좋은 응원 문화의 선례를 남기게 된 날이었다.

나이는 결코 숫자에 불과하지는 않았다.
나이는 경험이고, 여유이며, 지혜다.
그날은 찬스의 품격, 어른의 지혜가 빛을 발한 날이었다.

이찬원을 닮은 찬스

이찬원은 귀엽고, 유쾌하고, 착하고, 성실하며, 부지런하고, 똑똑한 이미지를 가진 가수다. 팬의 눈에야 안 예쁜 구석이 어디에 있겠는가 하겠지만, 대중들이 그에게서 느끼는 이미지도 크게 다르지는 않을 것이라 생각한다. 이찬원의 다양한 모습이 예능 프로그램을 통해 많이 비쳤기 때문이다.

많은 활동을 하는 이찬원 덕분에 찬스도 덩달아 많은 곳에 노출되고 있다. 그리고 그들을 볼 때마다 대체로 이찬원과 닮았다는 생각이 든다.

찬스도 이찬원처럼 유쾌하고 귀엽다.

팬카페와 각종 SNS에 올라오는 글, 공연장에서 들고 있는 핸드폰 응원 문구, 플래카드의 문구 등에서 그들의 유쾌함을 볼 수 있고, 방송 화면에 비치는 찬스들의 얼굴과 리액션은 나이를 불문하고 모두 그렇게 귀여울 수가 없다. 좋아하는 가수의 무대를 지켜보는 표정이니 함박웃음을 짓는 것이 당연하

♥ **211**
우리는 찬스(Chan's)이다.

겠지만, 그 웃는 얼굴들이 어쩌면 저렇게 귀여울까 싶은 장면
들을 많이 보게 된다.

찬스도 이찬원처럼 착하고 다정하다.

당장 콘서트장에서 내 주변에 앉았던 찬스 중 모난 사람은
한 번도 본 적이 없었다. 이찬원의 팬이라는 공통 분모 때문인
지 처음 보는 사람들 모두가 다정하고 친절하다. 굿즈 나눔도
하고, 간식도 나누고, 이찬원 얘기를 하다 보면 혼자서 콘서트
를 가는 누구도 외롭지가 않다. 또한 찬스의 기부 기사나 행사
장의 뒷정리 후일담도 끊임없이 듣게 된다.

찬스도 이찬원처럼 똑똑하고 지혜롭다.

팬카페를 자율적으로 앞장서서 이끄는 찬스들을 보면, 참
지혜롭고 체계적이다. 아이돌을 제치고 이찬원의 노래가 공중
파 음악 방송에서 2관왕을 차지한 데에는 찬스들의 큰 공헌이
있었다.

해야 할 것과 하지 말아야 할 것들을 잘 구별하고, 필요할
때면 한마음이 되는 찬스들은, 때로는 기획사를 향해서 쓴소
리를 내는 것도 망설이지 않으며 지혜롭게 이찬원을 지키는
든든한 기둥이 되고 있다.

찬스도 이찬원처럼 성실하고 부지런하다.

포털사이트에 이찬원을 검색하면 많은 찬스들이 꾸준히 블로그, 유튜브, 인스타그램, 트위터 등을 통해 이찬원 관련 소식을 올리고 있다는 것을 발견하게 된다. 이찬원이 데뷔한 지 5년 차가 되었음에도 그들은 처음 그대로 이찬원을 홍보하기 위해 SNS 활동에 열심이다.

이찬원이 있는 곳이라면 찬스들은 강원도, 제주도, 뉴욕까지 어디든 따라간다. 이찬원의 일정에 따라 새벽 일찍 나서는 것은 일도 아니다.

물론 어디에나 예외적인 사람들이 있기 마련이지만, 대체로 온라인, 오프라인에서 본 찬스들은 이찬원과 닮은 듯했다.

친구를 보면 그 사람을 알 수 있다는 말이 있다. '끼리끼리 모인다'는 말이 괜히 나온 게 아니다. 이찬원이 좋아서 모인 팬덤, '찬스'는 사람 취향과 노래 취향이 일단 비슷해서 그들 자체가 비슷할 수밖에 없다. '유유상종'은 이찬원과 찬스에게도 잘 어울리는 말이다. 귀엽고, 유쾌하고, 착하고, 성실하고, 부지런하고, 똑똑하다. 이찬원이 그렇고, 찬스도 대체로 그렇다.

영화에 진출한
이찬원과 찬스

470만 명이 찬스의 존재를 알게 되었다.

오디션 출신 젊은 트로트 가수들이 현재 대한민국 대중문화의 주류로 자리매김을 한 것은 부정할 수 없는 사실이 되었다. 음반 판매, 음원 수익, 콘서트 관객 수, 방송 시청률, 지역 행사 성공 여부 등에서 그들을 빼놓고는 이야기할 수 없는 시대가 되었다.

이들이 몰고 다니는 중장년층 팬덤의 동원력과 구매력은 웬만한 아이돌 팬덤과 비교해도 뒤처지지 않는다. 그러한 이유로 광고모델로 많이 기용되고 있고, 축구와 야구 등 프로 스포츠 마케팅에도 그들을 활용하는 경우가 많아졌다. 그리고 이제는 그들의 팬덤 문화가 영화의 소재로 사용되기까지 했다.

2024년 여름, '파일럿'이라는 텐트폴 영화가 개봉됐다. 이 영화에는 이찬원의 팬덤인 찬스가 중요한 역할로 등장한다.

주인공의 엄마가 이찬원의 팬, 찬스라는 설정이다.

나 역시 찬스이기에 이 영화를 안 볼 수가 없었다. 남편과 한 번 보고, 찬스 친구와 한 번 더 봤다.

영화 속 이찬원의 각종 굿즈로 가득 찬 방은 마치 실제 찬스들의 방 같았다. 이찬원의 노래는 시의적절한 장면에서 흘러나와 웃음과 감동을 주었고, 찬스 역할 배우의 연기는 마치 나와 내 주변의 이찬원 '엄마 팬'들의 모습과 흡사하여 공감되었다.

자식들은 속을 썩이지만, 새로 생긴 막내아들 이찬원은 늘 엄마를 웃게 해줘서 즐겁고 활기차게 사는 원동력이 되어준다는 설정이 찬스들에게는 설정이 아닌 사실이다.

종종 트로트 가수의 중년 혹은 노년 팬들이 너무 희화화되는 경우가 있는데, 이 영화에서는 찬스에 대해 제대로 모니터링한 흔적이 보여, 영화를 보는 동안 찬스의 한 사람으로서 내내 기분이 좋았다. 적당히 코믹하면서, 적절하게 감동도 주고, 주인공이 중요한 결정을 하는 데 힘을 실어주는 역할을 찬스 엄마가 하고 있다. 자식을 다 키운 엄마가 이찬원의 팬이 되어

노후에 새로운 인생을 즐겁게 사는 모습으로 그려졌는데, 이와 비슷한 경험을 하는 찬스가 실제로도 많다.

대규모 팬덤을 거느린 많은 오디션 출신 트로트 가수 중에 이찬원과 찬스가 영화의 소재로 선택된 데에는 여러 이유가 있었을 것이다.

연예계는 언제 어떤 사건 사고가 일어날지 모르는 살얼음판과 같다. 긴 촬영 기간 동안 영화 소재로 선택한 연예인에게 자칫 안 좋은 일이라도 생겨버리면 매우 큰 문제가 될 것이다.

영화 제작에 한두 푼이 드는 것도 아닐 테고, 영화의 개봉 여부까지 결정짓는 문제가 생길 수도 있기 때문이다. 그런데도 이찬원의 긍정적인 이미지와 더불어 찬스의 이미지를 믿고, 상업영화에 사용되어도 무리가 없겠다는 결론을 내렸다는 사실이 찬스에게는 큰 자긍심이 되었다. 이찬원 덕분에 찬스가 영화 데뷔도 하는 일이 생겨버린 것이다.

영화 속에서 이찬원 굿즈는 어떤 것이 등장하는지, 이찬원 노래는 나오는지, 찬스의 모습은 어떻게 그려졌는지도 궁금했던 찬스들은 지역마다 영화관을 통 대관 하면서 여러 차례 같은 영화를 보기도 했다. 급기야 영화사에서는 찬스에게 무료 단체 관람 이벤트까지 열어주었다.

470만 명이나 되는 관객이 이 영화를 관람했다는 것은, 그만큼 많은 사람들이 이찬원과 찬스를 알게 되었다는 의미다. 영화 속 찬스가 유쾌하고 멋진 엄마로 그려져서, 우리 찬스들은 찬스의 영화데뷔가 그저 고마울 뿐이다. 찬스의 이미지뿐만 아니라, 찬스가 좋아하는 이찬원의 이미지에도 긍정적인 영향을 주는 것 같아서 더 고맙다.

이찬원의 이미지 덕분에 찬스가 영화의 소재로 사용되었고, 영화 속에서 찬스가 멋지게 그려진 덕분에 이찬원의 이미지도 더 좋아졌다.

영화 홍보에도, 찬스에게도, 이찬원에게도 두루두루 득이 된 찬스의 영화 진출이었다.
이래저래 기분 좋은 찬스의 영화 진출이었다.

찬스의 다양한 재능

재능, 시간, 정성을 들이는 이유

이찬원 덕질이라는 것을 시작하면서, 이찬원의 다양한 재능을 보고도 물론 놀랐지만, 그의 팬 찬스의 재주에도 놀라는 중이다.

나이, 성별, 직업, 사는 나라등이 모두 다른 개성각각의 팬들이 각자가 가진 재능으로 내 가수 이찬원을 표현하고, 홍보하는 일에 열심이다.

이찬원이 출연한 방송을 하루도 빠뜨리지 않고 블로그에 리뷰하는 찬스, SNS에 이찬원 관련 사진이나 글을 쉬지 않고 올리는 찬스, 이찬원이 나오는 모든 것을 쇼츠로 제작하는 찬스, 이찬원을 그려서 전시를 하는 찬스, 일러스트레이션으로 이찬원을 예쁘게 표현하는 찬스, 직캠을 정성껏 편집해서 이찬원의 매력을 돋보이게 하는 찬스, 행사 지역마다 예쁜 배너를 제작해서 곳곳에 걸어두는 찬스, 이찬원 생일 등 기념일에 카페를 대여해서 꾸미는 찬스, 버스를 이찬원 사진으로 랩핑해서 전국을 다니는 찬스, 이찬원 캐릭터 인형을 제작해서 다양한 옷을 만들어 입히는 찬스, 본인 집이나 가게의 일부를 이찬원 굿즈로 장식해서 오픈하는 찬스, 위트 있는 글로 재미를 주는 찬스, 각종 투표 정보를 찾아서 독려하는 찬스, 이찬원 관련 유튜브 영상을 모아 주는 찬스, 이찬원 행사를 다녀와서 늘 팬카페에 후기를 올리는 찬스, 재미있는 글로 팬카페를 활기차게 만드는 찬스, 지역방에서 리더십을 발휘하는 찬스 등 다양한 영역에서, 다양한 방법으로 이찬원을 홍보하는 재주 많은 찬스들이 차고 넘친다.

착하고 부지런한 것도 재능이라면, 이찬원의 이름으로 기부에 동참하는 찬스도, 전국 어디라도 이찬원이 가는 곳에 동행하고, 투표에 열심인 찬스도 그들의 재능을 이찬원에게 사용한다고 말할 수 있겠다.

재능이라는 것은 경제활동이나, 본인의 즐거움을 위해서 주로 사용하지만, 이찬원의 팬, 찬스는 그것을 이찬원을 위해서 사용하고 있다. 그를 알리는 목적 하나로 그들의 재능과 시간을 사용하는 것이다.

이찬원만큼이나 다양한 재능을 가진 찬스들은, 그들이 가진 재능으로 이찬원을 향한 마음을 표현하고 있다. 그것이 그들의 즐거움이고, 행복이다.

🤍 219
우리는 찬스(Chan's)이다.

♥ **Special Chapter** ♥

이찬원을 평론하다.
(음악 평론가 김영대)

하늘 여행

이찬원 작사·작곡

내 손을 잡아주세요
우리 함께 이 길을 걸어요
이 세상 떠나는 날까지
우리 함께 이 길을 걸어요

수없이 맞이했던 이별의 순간들
하고 또 해도 아픈 것이
이별인 것을
내 이별의 그 순간도
두렵겠지만
당신을 위해 살아가겠소

꽃이 피고 꽃이 지고
눈 내리고 눈이 녹고
행복한 세월이 아니었나
지나온 그 세월을 돌이켜보면
즐거운 인생 아니었나
따스한 바람이 우릴 맞이하는 날
함께 하늘 여행 떠나요

인생의 황혼길을 함께 하면서
인생의 마지막을 함께 하면서
지나온 그 세월을 뒤돌아보니
참으로 행복했었다네

해가 뜨고 해가 지고
비가 오고 비 개이고
행복한 세월이 아니었나
함께한 그 세월을 떠올려보면
황홀한 인생 아니었나
저 멀리 하늘이
우릴 함께 부를 때
우리 하늘 여행 떠나요

저자 노트

이찬원의 미니 2집 앨범의 타이틀 곡이다. 이 앨범에 수록된 4곡 모두 이찬원이 직접 작사·작곡한 노래다. KBS 뮤직뱅크에서 트로트로는 17년 만에 1위를 차지한 노래이 기도 하다.

이찬원이 노부부의 다큐멘터리 영화를 보고 감명을 받아서 실제로 눈물을 흘리며 가사를 썼다고 전해진다.

가장 감명 깊게 본 영화가 '님아, 그 강을 건너지 마오'라고 얘기했을 뿐만 아니라 콘서트나 행사에서 어르신들을 특별하게 대하는 이찬원의 모습을 봐왔기에, 그가 그린 노부부의 인생 회상과 마지막 바람은 충분히 공감되고 아름답게 다가온다. 이찬원의 나이는 20대지만, 그가 그린 황혼기 부부 이야기에는 위화감이 전혀 없다. 노랫말만으로도 이찬원이 봤다는 다큐멘터리 영화를 나도 같이 본 것만 같다.

이찬원, 트로트를 가장 트로트답게 만드는 가수

솔로 앨범 'ONE', 새로운 트로트 시대의 모범답안
게으르지 않은 순도 높은 음악성도 주목

수많은 대중음악 장르 중에서 트로트는 사실상 유일하게 대중만을 위해 복무하는 음악이라 해도 과언이 아니다. 물론 그 안에도 다른 음악 장르들처럼 음악적인 기교나 아티스트적인 자의식, 심지어는 시대에 대한 고민이 없을 리 없지만 그럼에도 그런 것들이 트로트의 본질이 될 수는 없는 것이다. 트로트의 가장 중요한 매력은 대중과 호흡하고 그들의 애환을 달래주고 그들의 입에서 즐겨 불려질 때만이 그 소명을 다하는 장르라는 점이다.

그래서 트로트는 자의식 과잉이나 지나친 실험을 허용하지 않으며, 그 어느 장르보다도 목소리의 호소력을 통해서만 대중을 설득해야 한다는 점 때문에 가수의 남다른 능력과 개성을 요구받는 장르이기도 하다. 자, 여기 명실상부 한국 트로트의 현재이나 미래라고 해도 과언이 아닌 이찬원의 첫 솔로 앨범

'ONE'이 있다. 그리고 이 음반은 트로트라는 음악이 가진 공감과 위로, 소통과 유흥의 미학을 이찬원이라는 목소리가 얼마나 정확히 꿰뚫고 있는지를 잘 보여주고 있다.

트로트의 본질에 충실한 첫 솔로 앨범

앨범 타이틀 'ONE'을 통해 이찬원이 드러내고자 하는 가장 명백한 의도는 역시 '처음'이라는 키워드일 것이다. 아티스트에게 첫 정규작이란 경연대회 발표곡이나 디지털 싱글 같은 시도와는 차원이 다른 무게감을 갖는다. 흔히 스튜디오 앨범이라고도 불리는 정규작은 그 사람의 음악적 정체성을 오롯이 표현해 내야 함은 물론, 각각의 음악적 시도가 사운드와 이야기를 통해 어떤 뚜렷한 의도와 의미성을 내포하고 있어야 한다. 더욱이 그 의도와 의미를 본격적으로 드러내는 첫 시도라는 점에서 그 의욕의 크기는 전혀 다를 수밖에 없다.

하지만 이찬원은 이미 《미스터트롯》과 다양한 활동을 통해 어느 정도 이미지와 음악적 색에 대한 판단이 내려진 가수다. 달리 표현하면 대중은 이미 이찬원의 장단점과 색을 어느 정도 꿰뚫고 있고, 가수 입장에서 이 같은 기대감을 뚫고 완전히 새로운 것을 보여주기에 트로트는 더더욱 쉽지 않은 장르다.

다행스럽게도 이 같은 첫 시도에 대한 우려는 타이틀 곡 《풍등》에서 상당 부분 해소된다. 새 앨범에 대한 고민이 이미 어떤 과정을 지나 담담하게 걸러져 나온 듯한 이 곡은 이찬원이 갖고 있는 어른스러운 목소리와 태도에 더없이 잘 맞아떨어지는 수작이다. 한국적인 혹은 동양적인 분위기가 짙게 드리운 가운데, 서글퍼 사무치게 한스러운 스토리지만 지나친 감정과잉 없이 어른스러운 완급 조절을 통해 능숙하면서도 근사하게 표현된다. 꾹꾹 눌러진 슬픔은 오히려 이 곡이 가진 예스럽고 고풍스러운 아름다움을 한껏 강조하고 있으며, 드라마틱한 편곡이 마치 한 편의 뮤지컬처럼 아스라히 시각화돼 펼쳐진다. 이 한 곡만으로도 이찬원의 첫 솔로작은 충분한 명분을 얻을 수 있지 않을까.

흥미롭게도 'ONE'은 이찬원 이름의 마지막 글자인 'WON'과 동음이의 관계를 갖기도 한다. 그의 첫 작업이 무엇보다도 이찬원스러움에 대한 표현일 것이라는 암시인 것이다. 그런데 과연 이찬원스러움이라는 게 무엇일까. 새삼 궁금해진다. 당연히 먼저 떠오르는 것은 트로트 가수로서의 그의 음악적 정체성이다. 그런데 트로트 가수로서의 정체성이라는 것은 또 얼마나 애매한가. 사실 많은 이가 오해하고 있지만 트로트는 단일한 장르라기보다는 방법론이나 정서에 가까운 음악적 구분이기도 하기 때문이다. 그 안에는 국악이 있고, 록도 있으며, 라틴 리듬, 포크나 발라드스러운 편곡이 담기기도 한다.

하지만 이처럼 다양한 스타일의 편곡은 그 어느 때라도 정확히 트로트만이 가진 '뽕'의 정서 안에 녹아들어야 하며 그 의도가 대중에게도 온전히 명확히 전달돼야 한다. 그것을 다른 말로 장르적 진정성이라고 불러도 좋다. 그리고 이 같은 장르의 진정성이라는 측면에서 이찬원의 첫 앨범은 제법 모범적인 사례로 기록될 만하다. 이찬원은 트로트라는 장르를 단순히 '활용'하지 않고 그 장르가 갖고 있는 수없이 다른 정서를 때로는 정석적으로 때로는 변칙적으로 탐구하고 있다.

브라스가 주도하는 경쾌한 행진곡풍의 《사나이 청춘》은 앨범에서 가장 강한 흡인력을 가진 현대적인 트로트 곡으로 완성됐지만, 이어지는 《건배》는 바이올린과 기타를 통해 그와 대조적인 성숙함을 풍겨내는 어쿠스틱한 사운드에 녹여낸다. 두 곡 모두 트로트의 전형성을 이질적인 악기 편성과 편곡을 통해 변주해낸 작업이지만 그 어떤 상황에서도 트로트의 본질에서 벗어난다는 느낌을 주지 않는다는 점이 중요하다.

그의 장르적 진정성을 떠받치는 가장 중요한 요소는 너무도 당연하게 그의 목소리다. 트로트 가수 이찬원의 가장 큰 미덕은 역시 가장 고풍스러운 성향의 곡들부터 가장 트렌디한 편곡까지 모두 일관된 목소리로 아우를 수 있다는 점이다. 어린 시절부터 트로트를 통해, 트로트를 위해 연구되고 단련된 그의 목소리는 단 한 번도 반복됨 없는 다양한 편곡 속에서 전혀 위화감 없이 그 모든 다른 색깔에 대응한다. 《바람 같은 사람》은 마이너풍 발라드와 트로트 가락을 절묘하게 뒤섞은, K팝 시대에 이제는 귀해진 성인 취향의 '가요'다. 이어지는 《트위스트고고》는 제목 그대로 로큰롤의 한 갈래인 트위스트에 한 시대를 풍미한 고고 리듬을 결합한 현대적인 댄스곡이다.

이찬원 목소리가 가장 중요한 음악적 요소

　이찬원의 목소리가 아니라면 1990년대 댄스가요라고 해도 큰 위화감이 없을 만한 곡이다. 그런가 하면 모든 면에서 가장 정통 트로트의 정서에 근접한 《밥 한 번 먹자》가 있다. 《사나이 청춘》과 정서적으로 이어지는 곡으로, 가장 직관적으로 이찬원의 트로트를 감상할 수 있는 곡이기도 하다. 그런데 결과적으로 이 모든 각각의 시도는 이찬원의 목소리 속에서 트로트 음악으로서의 맥락과 설득력을 성공적으로 확보한다. 중저음을 강조한 그의 톤은 그 자체로도 유니크한 매력을 갖고 있지만 나이에 어울리지 않는 완성된 기교와 정서는 가장 예스러운 곡들을 현대적으로, 가장 현대적인 곡들을 고풍스럽게 들리도록 만든다. 《오.내.언.사》는 이번 앨범의 가장 빛나는 순간 중 하나로 '팬송'의 각별한 의미와 감동이 K팝 아이돌들만의 전유물이 아니라는 점을 확인시켜준다. 직접 써내려간 노랫말 때문인지는 몰라도 앨범을 통해 이찬원의 보컬이 가장 '개인적'으로 들리는 작품이기도 하다. 역시 그 핵심은 목소리다.

　지난 몇 년간 트로트는 '트롯'이라는 이름으로 재탄생했고, 더 이상 '성인가요'나 '뽕짝'으로만 설명될 수 없는 완전히 새

❤ **229**
이찬원을 평론하다. (음악 평론가 김영대)

로운 국면을 맞이하고 있는 중이다. 그리고 그 중심에는 이찬원과 같은 경연대회 출신의 젊은 피들이 자리하고 있다. 이들은 저마다 다른 방식으로 익숙한 장르의 새로운 해석을 꾀하기도 하며, 본인의 음악적 정체성과 성향에 어울리는 새로운 컨템포러리 대중음악으로서 트로트의 새 흐름을 실험하고 있다. 어느 것이 정답이거나 옳은 길이라고 말할 수는 없겠지만 만약 그 핵심이 전통과 현대와의 조화를 통한 장르적 진정성과 일관성이라 말한다면 이찬원의 'ONE'은 제법 모범적인 답안이라 할 만하다. 비록 그의 음악적 포부나 욕심은 다양한 갈래로 뻗쳐 있지만 그 모든 시도는 팬들이 기대하는 이찬원의 정체성과 동떨어진 곳으로 향하지 않고 늘 본질로 돌아온다. 그는 결코 트로트의 큰 틀을 벗어나는 법이 없지만 그럼에도 이 장르가 품을 수 있는 수없이 다른 방법론을 다양하게 시연하고 있다. 이 두 미션을 모두 성공적으로 수행할 수 있다는 건 말처럼 그리 쉬운 일이 아니다.

김영대 음악 평론가 sisa@sisajournal.com

정규앨범 'ONE'

 231
이찬원을 평론하다. (음악 평론가 김영대)

에필로그
〈이찬원, 내 인생의 찬스〉를 마치며

꾸준함의 힘을 믿습니다. 순수한 사랑의 힘을 믿습니다.

꾸준하게 써 온 글이, 아들 같고, 조카 같고, 딸의 남사친 같은 이찬원을 향한 순수한 팬심이, 한 권의 책으로 결실을 보았습니다.

'처음'을 특별하게 생각하는 이유 때문인지 내 첫 연예인 이 찬원에 대한 첫 책을 집필했다는 특별함에 감사하게 되네요.

인터넷 세상의 작은 점이었던 제 글을 발견해 출간까지 할 수 있게 도와주시고, 저자의 의견을 많은 부분 수용해 주신 삼호ETM 콘텐츠기획개발부와 디자인기획개발부에 무한한 감사의 인사를 전합니다.

노랑코끼리 블로그의 이웃님들과 노랑코끼리 이정아의 브런치스토리 구독자님들께 감사드립니다.

저의 이찬원 덕질이 더 신나고 재미있을 수 있게 같은 편이 되어주신 온라인, 오프라인의 많은 찬스님들 감사합니다.

엄마의, 아내의 덕질을 이해하고 도움을 주고 있는 두 딸과 남편께 고마운 마음을 전합니다.

음악 평론가 김영대 님 감사합니다.

끝으로,
이찬원 님 감사합니다.

2024년 10월
저자 이정아

❤ 233
에필로그

추천의 글

처음 이찬원을 봤을 때, 착함에 살포시 얹혀있는 따뜻함과 함께 솟아오르는 뜨거운 열정이 느껴졌다면, 4년 여의 시간이 흐른 지금의 이찬원은 그 느낌 그대로인데 다만 무지개빛처럼 이쁘고 찬란한 색이 진하게 입혀져 있는 것 같네요.

이찬원이 그려가는 아티스트로서의 인생은 많은 이들에게는 희망이 되고, 소망이 되어 날개를 달아주고, 이찬원을 덕질하는 찬스들에게는 너무도 고귀하고 아름다운 선물을 주고 있음을 느껴봅니다.

같은 길을 걷고 있는 아들을 둔 엄마로 아들을 위해 늘 기도하는 것 처럼, 이찬원 가수가 걸어가는 모든 길이 눈부시게 빛나는 꽃다운 날이 되길 응원합니다.

나와 다르지 않은 찬스의 덕질 이야기에 공감하며, 이찬원과 함께했던 지난 시간들을 공유해보세요.

영화에 이어서 이번에는 책에 소개된 이찬원과 찬스입니다. 찬스라면 '그렇지!'가 될 것이고, 찬스가 아니라면 '그렇구나!' 가 될 이찬원 덕질 보고서이자, 왜 이찬원을 좋아하는지 궁금증이 해결될 안내서 같아요.

슈퍼주니어 은혁 어머니 〈장덕분〉

이찬원 덕질책 출간을 기다리면서 뭔가 모를 뭉클함이 차오른다.

이찬원의 팬으로서 잔잔하게 써 내려간 「이찬원, 내 인생의 찬스」는 꼭 내 마음을 옮겨놓은 듯이 따스함과 행복이 고스란히 담겨있다.

이찬원의 모든 것이 궁금하고, 모든 것이 신기하고, 모든 것이 감동으로 다가오는 우리들의 아티스트 이찬원의 덕질 이야기.

진또배기로 세상에 나온 이찬원이 각 방송사에 여러 가지 재능으로 자리매김하며, 이찬원의 이름을 건 추석특집쇼 '이찬원의 선물'로 우뚝 서기까지의 때론 유쾌하고, 때론 감동스러운 기록들이 고스란히 담겨있는 서사.

브런치스토리 작가이자 블로거 노랑코끼리 '이정아' 작가님의 덕질 기록이 소중하게 간직하고픈 나의 이야기가 되어 가끔 꺼내보고 싶은 이찬원 1호 책이 되기를 바라본다.

「이찬원, 내 인생의 찬스」를 필두로 두 번째, 세 번째 이찬원과 찬스의 이야기가 세상에 나와서 함께 감동을 나누었으면 좋겠다.

이찬원 순수 팬튜브 운영자 〈찬또러브〉

살면서 어떤 것에 순수한 열정을 이어가 본 경험이 있는가?

「이찬원, 내 인생의 찬스」 제목 그대로 삶의 행복을 더 키워볼 '기회'가 왔다.

바로 작가가 말하는 '덕질'이다. 친구 몰래 읽어보는 연애편지 같기도 하고 반백살이 넘어가는 인생의 달콤 쌉싸름을 들려주는 한 편의 에세이 같기도 하다.

수년간 인도 이민 생활을 하며 다정을 베풀어왔던 한국 마담, 이젠 한국 엄마들의 행복을 인도하려 한다! 글에 덕지덕지 행복이 묻어나 있다. 덕통사고의 후유증은 '행복'임이 틀림없다.

30대인 나는, 줄곧 시간이 더디게 흘러가길 바랐다. 하지만 더는 두렵지 않다, 이토록 반짝반짝 빛나는 50대가 있기 때문에.

CJ ENM 예능 PD 〈권혜림〉

나는 Chan's다. 나를 아는 지인들이 묻는다. 아직도 이찬원 덕질이 그렇게 좋으냐고. 그 질문에 대한 나의 대답은 5년째 변함없다. "그럼, 아직도 유효해, 아마도 앞으로 쭉 그럴 거야!"

덕질이라는 단어조차 생소하던 내가 이찬원 덕질을 4년 넘게 할 수 있었던 건 아마도, 나의 유일한 덕친인 저자와 함께였기 때문인 것 같다. 함께 콘서트도 다니고, 여기저기 이찬원과 관련된 이벤트에 같이 동참하면서 즐겁고 행복한 찬스가 될 수 있었다.

지금은 저자가 인도에서 주로 생활하고 있어서 항상 같이하지는 못하지만, 여전히 우리는 온라인으로 함께 덕질을 하고 있다.

이찬원과 관련된 책 출판을 제의받았다는 얘기를 들었을 때, '드디어 올 것이 왔구나'라는 생각이 들었다. 그동안 꾸준히 블로그와 브런치스토리에 이찬원 덕질 이야기를 기록해 온 저자의 이찬원에 대한 사랑과 응원을 누구보다 잘 알고 있었기 때문이다.

덕친의 책 출간도 축하하고, 이찬원과 찬스의 이야기가 책으로 출판된 것도 축하한다.

「이찬원, 내 인생의 찬스」가 부디 찬스들에게는 덕질의 행복을 나누는 장이 되고, 아직 찬스가 아닌 분들에게는 이찬원이라는 스타를 알리는 기회가 되기를 소망한다.

오♡내♡언♡사

찬스 〈명주세레나〉

KOMCA 승인필

본 책에 수록된 노래 가사는 (사)한국음악저작권협회의
승인을 받았음을 밝힙니다.

저자 이정아　　**1판 1쇄** 2024년 10월 29일

펴낸이 김두영

전무 김정열

편집 김가람, 오새봄

디자인 김세연

제작 유정근 ｜ **경영지원** 윤순호, 권지현, 한재현

마케팅 이천희, 이두리, 신찬

펴 낸 곳　삼호ETM (http://www.samhomusic.com)

　　　　　경기도 파주시 문발로 175

　　　　　마케팅기획개발부　　전화 1577-3588　　　팩스 (031) 955-3599

　　　　　콘텐츠기획개발부　　전화 (031) 955-3589　　팩스 (031) 955-3598

등　　록　2009년 2월 12일 제 321-2009-00027호

ISBN　　978-89-6721-546-0